VOYAGE

A

SAINTE-PÉLAGIE.

IMPRIMERIE DE LEBÈGUE.

*Tout-à-coup le ciel se déchire,
la foudre s'élance, elle frappe...*

VOYAGE
A
SAINTE-PÉLAGIE,
En Mars 1823;

Par Emile DEBRAUX.

TOME SECOND.

PARIS.

LEBÈGUE, Imprimeur-Libraire, rue des Noyers, n° 8;

EDOUARD GARNOT, rue Pavée-Saint-André-des-Arts, n° 7.

1823.

VOYAGE

A

SAINTE-PÉLAGIE.

CHAPITRE VIII.

Quelques jours de plus.

« *In varietate voluptas.* »

Les jours se succèdent avec lenteur, et surtout avec la plus grande uniformité. La seule chose qui écarte momentanément l'ennui et la monotonie de la prison, c'est le bienheureux cent de piquet, et le jeu favori des camps, la drogue.

Le fabricant de tabatières funéraires, pour charmer les instans de sa quinzaine, a établi une petite académie dans sa chambre : on y joue fort petit jeu, et toujours à consommer : tantôt c'est du vin, tantôt le petit verre de taffiat; voire même quelquefois la fine côtelette de mouton, ou les rognons au vin soi-disant de Champagne; on joue, c'est du temps de passé, on boit, c'est du temps de passé, on mange, c'est encore du temps de passé; et à force de hisser les uns sur les autres ces temps de passés-là, les journées s'écoulent, les semaines filent, et les mois s'avancent : autant de pris sur l'ennemi.

Un nouvel habitant est venu partager les plaisirs du corridor, c'est l'éditeur propriétaire d'un journal littéraire, qui s'est écarté de ses attributions en faisant de légères invasions dans les domaines de la politique, et encore Dieu sait comment il en a parlé! Ces petites licences-là l'ont conduit rue des Ballets et de la rue des Ballets on l'a transféré à Sainte-Pélagie. Je l'ai consulté pour savoir laquelle des deux prisons lui paraissait, non pas la meilleure, mais du moins la moins mauvaise. Il m'a demandé à quoi je donnerais la préférence, s'il me fallait choisir entre une pomme pourrie et un œuf gâté. J'ai saisi ce qu'il voulait dire, et je me suis contenté de cette réponse-là, qui, dans le fait, en valait bien une autre.

On l'a placé dans la chambre de Monsieur A. B. C. D. : ce sont deux jeunes gens, nés dans le midi de la France, et, en conséquence, deux têtes assez chaudes, et j'oserai même dire un tantinet exagérées. J'aime à croire qu'ils feront bon ménage; au surplus s'il en arrivait autrement, comme je sais que vous êtes curieux, mon cher Lecteur, et comme je suis moi-même assez bavard, soyez tranquille, je vous mettrais au courant, et vous deviendriez, sur ce chapitre, tout aussi savant que moi.

Les redites ne sont bonnes à rien; comme l'emploi de mes journées est ordinairement exactement le même, je ne vous en casserai pas les oreilles, je me contenterai de vous indiquer, jour par jour, ce que j'apprendrai qui vaille la peine de vous être communiqué, en même-temps que je vous donnerai connaissance des bagatelles littéraires qui s'échapperont de ma plume pendant sa captivité.

Pour commencer à vous tenir parole, et à vous rendre un compte exact de ce que j'apprends ou compose, je vous dirai d'abord que cejourd'hui, dixième de ma captivité, et celui où j'écris maintenant, je n'ai rien entendu dire ou raconter, je n'ai rien puisé dans ma cervelle qui soit digne de votre attention, et qu'en conséquence, je ne vous en dirai pas davantage.

A demain; peut-être serais-je plus heureux.

XIe JOUR.

Nous avons déjeûné aujourd'hui avec le fabricant de tabatières. C'est le jour de son départ; mais comme il a été en appel, il ne sortira qu'après midi. En effet, on l'a appelé à deux heures. Cela m'a fait plaisir et peine tout à-la-fois de le voir sortir. Patience, mon tour viendra.

Je l'ai embrassé : il m'a recommandé de venir le voir après ma sortie; je n'y manquerai pas : il me semble que l'on doit éprouver un grand plaisir à se revoir, lorsque l'on a bravé ensemble les fureurs d'un orage, et que l'on est enfin arrivé heureusement au port.

J'ai dîné à la Dette.

Un nommé Lynemud, gros négociant que j'ai connu il y a quatre ou cinq ans dans le monde; et qui se trouve aujourd'hui fourré à son tour où il en a peut-être fait mettre bien d'autres, a vu mon écrou dans les journaux; nous avons jasé plusieurs fois ensemble depuis, lui au jardin, moi à ma fenêtre. Il a sollicité de M. Bault la permission de venir dîner avec moi au Corridor Rouge. Cette permission lui a été refusée; mais on lui a accordé celle de me recevoir chez lui.

Il m'a envoyé chercher.

Quoique prisonnier pour dettes, il fait beaucoup d'affaires à Sainte-Pélagie. Il tient maison d'épicerie et café. J'ai fait un très-joli repas : Eugène de Pradel en était. Nous avons égayé le dessert par le Champagne et par les chansons. J'en ai entendu chanter une sur un certain mot que des circonstances assez singulières ont mis en ce moment à la mode. Cette chanson est faible; on pouvait dire des choses bien plus spirituelles et bien plus méchantes sur ce sujet-là. On m'a donné pour l'auteur un homme qui, sans aucune espèce de doute, eût fait cinquante fois mieux, s'il eût voulu traiter un pareil sujet; mais l'expérience du passé a tourné sa plume sur des sujets plus élevés et plus dignes de son rare talent.

Il est arrivé quelques nouveaux personnages dans notre corridor, entr'autres les éditeurs du Pilote et du Courrier des Spectacles.

Plus un boulanger, qui s'est imaginé que le peuple ne payait pas le pain assez cher à Paris; et comme le cher homme ne pouvait pas en augmenter lui-même le prix, il se contenta d'en diminuer la quantité, ce qui, dans le fond revient à peu près au même : eh bien! pour une plaisanterie aussi innocente, on l'a forcé de nous rendre une petite visite. Le pauvre diable paraît tout étonné de s'y voir : il en a même l'air un peu bête.

Enfin nous nous sommes enrichis, mais pour trois jours seulement, d'un coryphée de la Porte Saint-Martin, qui, condamné depuis un an à cette bagatelle, pour fait de batterie, a profité de ce que les théâtres sont fermés dans la Semaine Sainte, pour venir acquitter sa dette envers les tribunaux. C'est un bon garçon, un homme fort aimable, quoique assez mauvais sujet; mais, comme on le sait très-bien, en France, depuis long-temps, mauvais sujet veut dire homme aimable.

Ce pauvre garçon, fraîchement arrivé, se désolait de n'avoir encore pu trouver personne pour faire son cent de piquet. Nous avons eu compassion de ses ennuis, nous l'avons reçu au nombre de nos abonnés, et nous lui avons fait payer sa bienvenue, en lui gagnant modestement quelques bouteilles de vin, qu'il a payées de fort bonne grâce.

Par une méprise qui par bonheur arrive assez rarement, il a failli faire quatre jours de prison au lieu de trois, son huissier ayant fait la gaucherie de signer sa liberté pour un jour plus tard qu'il ne devait sortir réellement. Monsieur le concierge, instruit de cet événement, en a craint les suites, et l'a fait mettre en liberté le troisième jour.

C'est à cette occasion que j'ai appris que l'huissier, ou le concierge, selon le cas, sont susceptibles de payer, à titre de dommages et intérêts, vingt francs, par heure de plus qu'ils feraient faire à un prisonnier, après son temps légitimement expiré.

XIIe JOUR.

Journée nulle sous tous les rapports : la même uniformité partout ; des promenades dans le jardin, dans la galerie, dans le corridor ; des repas assez maigres, des bâillemens, peu de travail, et quelques parties de piquet, voilà le total.

La soirée a été plus intéressante. J'ai recueilli, de la bouche d'un témoin oculaire, des détails sur les derniers momens de quelques personnages, d'un âge encore assez tendre, qu'une effervescence cruelle poussa dans des tentatives de conspiration contre le gouvernement, et que le glaive de la loi fut obligé de frapper avant le terme fixé par la nature.

Je rapporte ici ces détails. Ces malheureux ont payé de leur tête la faute que des passions irréfléchies leur ont fait commettre; mais près du tombeau la haine doit se taire, et je ne crois pas que l'on puisse faire un crime de la pitié qu'inspire une aussi tendre jeunesse.

« Une fois la fatale sentence prononcée, les condamnés demandèrent à ne plus être séparés, ce qui leur fut accordé. M. Bault, que l'on avait appelé de Sainte-Pélagie pour les remettre à sa garde, donna l'ordre que rien ne leur fût refusé de ce qui adoucirait les derniers instans qu'ils avaient à passer sur la terre. Cette injonction fut ponctuellement suivie.

« Le matin du jour de l'exécution, me disait celui de la bouche de qui je tiens ces détails, j'entrai dans leur chambre : — Eh bien, B...., dis-je à l'un d'eux, vous sentez-vous la force de boire un verre de vin ? — Comment ! s'écria-t-il, un verre de vin ! dix plutôt qu'un. Tous firent chorus à cette exclamation. J'allai chercher du vin ; ils demandèrent à déjeûner ; je leur servis le déjeûner ; ils me forcèrent à le partager avec eux. Le repas fut très-gai, les têtes étaient montées. Tous montraient le plus grand courage ; mais le plus ferme, sans contredit, c'était un des moins âgés. Il ne se monta pas la tête avec du vin ; mais il conserva un sang-froid qui ne se démentit pas un instant. B...., en outre, était plus gai, plus facétieux, peut-être entrait-il un peu de fanfaronnade, un peu de vin, dans sa bravoure ; du reste, cette bravoure ne s'est pas démentie un seul instant.

« Au dessert on chanta : un d'eux écrivit à sa mère. J'ai lu cette lettre, elle m'arracha des larmes. On chantait et on dressait l'échafaud.... Ce contraste me fit mal. Je voulus sortir, on me retint... « Allons, allons, dirent-ils, buvons, et pas d'enfantillage. »

« Toi qui es médecin, dit l'un

d'eux à l'autre, je te conseille de te dépêcher de préparer des cataplasmes : nous en aurons besoin tantôt... » Cette saillie ne me fit pas sourire; mais elle les amusa.

« On m'appela, je les quittai.

« M. Bault était fort embarrassé, et ne savait comment s'y prendre... Les condamnés portaient des moustaches, et la loi veut qu'elles soient coupées avant l'exécution. Je réfléchis un instant. — Laissez-moi faire, lui dis-je, je m'en charge. Je rentrai chez eux. J'en tirai un en particulier : « Seriez-vous bien aise, lui dis-je, que le bourreau vous portât la main sur la figure? — Qu'il ne s'en avise pas ! s'écria-t-il hors de lui. — C'est pourtant ce qui arrivera.

Vous portez des moustaches, et....
— Je vous entends, plutôt les couper moi-même; donnez-moi des ciseaux.

— Je ne peux pas vous donner des ciseaux, songez-y bien... »

« Il réfléchit, et me dit en souriant : « Oui, je vous conçois.... Éh bien, reprit-il vivement, coupez-les vous-même. »

« C'était où je voulais l'amener. — Si vous le désirez, lui dis-je.... — Oui, coupez, coupez. »

« Ce fut par ce moyen que je les amenai doucement tour à tour à satisfaire à la loi.

« Ces moustaches, je voulais les garder, non par esprit de parti, mon opinion n'a jamais été suspecte, mais en souvenir de ces jeunes gens, dont j'avais été à même de démêler le bon cœur; cependant on a des ennemis dans tous les états, le mien m'était nécessaire ; on eût pu me blâmer de ma pitié ; j'hésitai quelque temps, enfin je les brûlai devant témoins, et il ne m'en est resté que le souvenir. »

Celui qui me racontait ces détails cessa de parler. Malgré que ma curiosité eût peut-être appris autre chose encore; je n'osai troubler ce profond silence. Il est dans le cœur de l'homme des cordes auxquelles on ne peut toucher sans les briser...

Je me couchai plongé dans des réflexions douloureuses. Quelles que soient leurs fautes, il est si cruel de voir périr des hommes au printemps de leurs jours ! Il faut tant de temps pour former un homme, il en faut si peu pour le détruire !

XIIIe JOUR.

Je me suis levé comme je m'étais couché, c'est-à-dire, fort triste, et l'esprit préoccupé de mille pensées mélancoliques.

Désagréable journée ! me suis-je écrié en me levant.

Eh bien ! je me trompais. Elle est venue, ne m'en demandez pas davantage. Je n'ai vu qu'elle... Je n'ai pensé qu'à elle... Quand elle est près de moi, le reste du monde ne m'apparaît qu'à travers un épais brouillard.

Elle est partie ; je me suis retiré dans ma chambre. Elle est assez sale, ma chambre. Vite le grand coup de balai, et je m'évertue à r'approprier du mieux qu'il m'est possible le charmant domicile que j'occupe.

Sous les efforts d'un balai de bouleau qui compte au moins dix-huit mois de service, un chiffon de papier roule à mes pieds. Je l'ouvre: il contient les vers suivans, qui, je le jure à mon Lecteur, ne sont pas de moi, ce qui me fâche assez, car je les trouve fort bien faits. De qui sont-ils? Je l'ignore; n'importe, les voici.

OEUVRE DE MISÉRICORDE ENVERS LES PRISONNIERS.

Depuis deux ans j'habite ce séjour ;
De mon erreur, hélas! c'est le salaire.
Qui que tu sois, qui viendras quelque jour
Me succéder dans ce lieu de misère,

A SAINTE-PÉLAGIE.

Retiens de moi cette utile leçon,
Qu'on peut encore être heureux en prison.
Certe, il vaut mieux, libre dans son allure,
Observateur des lois de la nature,
Voir un beau champ de roses parsemé,
Que quatre murs qu'un faible jour éclaire;
Mais si l'on doit y rester enfermé,
Il faut trouver le secret de s'y plaire :
Ce bon secret, si tu veux le savoir,
C'est la gaîté : voilà tout le mystère!
Elle embellit le cachot le plus noir,
Elle supplée à tout ce que la terre
Peut nous offrir de biens et de splendeur;
Elle adoucit les disgrâces humaines ;
Elle nous met au-dessus du malheur.....
Pour moi, je sais me moquer de mes chaînes,
Et de mes fers me forger des hochets :
Ceux que le monde, hélas! m'a fait connaître,
Ne valent pas davantage, peut-être,
Et trop souvent m'ont laissé des regrets.
De ma prison j'ai banni la tristesse,
Qui ne saurait m'atteindre désormais,
Et qui souvent assiége en son palais
L'homme accablé d'une immense richesse.
Autour de moi, je ne vois rien en laid.
Le triste aspect d'une sombre muraille,

Mon mobilier, mon petit lit de paille,
Le rat craintif qui vient sur mon chevet,
Et me réveille en mangeant mon bonnet,
Tout me fait rire. En vain, dans ma détresse,
Quelques amis, que mon sort intéresse,
Viennent me voir au travers du guichet ;
Et, malheureux de ma propre infortune,
En m'abordant d'un air sombre et piteux,
Semblent vouloir que je pleure avec eux,
Et m'inspirer leur tristesse importune.
Je les console, et leur dis en riant :
« Mes bons amis, calmez-vous, je vous prie ;
« Votre douleur, dont je vous remercie,
« Ne change rien à mon appartement,
« Ne peut briser un verrou sans pitié
« Dont un gros mur recèle la moitié.
« Presque toujours la plainte est inutile :
« Il faut rester..... quand on ne peut sortir.
« Veuillez des yeux parcourir mon asile ;
« Il n'est pas beau, j'en veux bien convenir :
« A vos regards ne viennent point s'offrir
« Des ornemens dont la magnificence
« Semble insulter à celui qui n'a rien ;
« Mais on y trouve, en y regardant bien,
« Tout ce qui peut soutenir l'existence.

A SAINTE-PÉLAGIE.

« Voilà ma cruche et mon morceau de pain,
« C'en est assez pour la soif et la faim.
« Cette ouverture, à regret pratiquée,
« Permet à l'air d'y venir s'engouffrer,
« Ce qui suffit pour ne point étouffer.
« Voilà ma table : elle est un peu tronquée;
« Mais mon dîner y tient commodément.
« Sur ce trépieds je m'assieds à mon aise :
« Il me soutient, quoiqu'un peu chancelant.
« Là vous voyez mes communs à l'anglaise
« Près de l'endroit où je prends mes repas;
« Là mon boudoir..... Mais je ne boude pas
« Quand mon geolier, d'un air brusque et sauvage,
« Vient m'apporter un limpide potage
« Assaisonné par mon seul appétit.
« Quand de ses clés j'entends le triste bruit,
« Avant-coureur de sa sotte présence,
« A sa rencontre aussitôt je m'avance,
« Je viens à bout d'égayer son humeur :
« Le lendemain mon potage est meilleur.
« Il m'entretient d'une manière affable,
« Et quelquefois le vilain est aimable. »

J'en viens à toi, mon triste successeur;
Apprends à rire aussi de ton malheur.

Si quelque jour, traduit à l'audience,
Tu crains le sort d'un jugement fatal,
Fais, si tu peux, rire ton tribunal :
A la gaîté succède l'indulgence.
Vis en repos. Je te laisse en sortant,
Sans nul regret, mon petit logement,
Lequel n'est point d'une forme nouvelle.
Il est fort chaud quand la saison est belle ;
Mais dans l'hiver il est froid à glacer.
Si tu voulais pratiquer quelqu'issue
Pour essayer de tomber dans la rue,
Je te préviens qu'il y faut renoncer ;
De tes malheurs tu doublerais la somme :
Jamais prison ne garda mieux son homme.
De ses gros murs le ciment éternel
Résisterait à la force d'Alcide,
Et de ce lieu l'architecte perfide
A su trop bien, dans son zèle cruel,
Sacrifier l'agréable au solide.

Il est encore un secret merveilleux
Pour adoucir les maux de l'esclavage.
Fais-toi poëte, et conjure les Dieux
De t'enseigner à parler leur langage.

À SAINTE-PÉLAGIE.

Si tu deviens favori d'Apollon,
L'ennui bientôt fuira de ta prison.
Le Dieu des vers dans le pays des fables
Te conduira par des chemins fleuris,
T'entourera d'illusions aimables,
Autour de toi voltigeront les ris,
Bien plus plaisans et plus recommandables
Que les cousins et les chauve-souris.
Ton vieux grabat, la paille où tu reposes,
Changés en lit de jasmins et de roses,
T'inviteront aux plaisirs de l'Amour
Avec Hébé, Psyché, Flore ou Julie,
Qui te viendront enchanter tour-à-tour.
La sombre voûte, à peine récrépie,
Triste atelier des travaux d'Arachné,
Dont les débris saupoudrent ton dîné,
Tu la croiras un bosquet d'Idalie,
Un verd bocage où devront à ta voix
Se rassembler les doux chantres des bois.
Tout changera dans la prison hideuse
Où les mortels ont osé t'enfermer;
Car tu pourras à ton gré transformer
L'eau de ta cruche en liqueur savoureuse,
En pur dictame, en breuvage des Dieux,
Ta cruche même en vase précieux,

Ton pain de seigle en miel du mont Hymète,
Et ton potage en consommé divin.....

Le vrai poëte est un magicien
Qui soumet tout aux lois de sa baguette :
Deviens sorcier, mon ami, si tu peux ;
Fais mieux que moi, que ta plume exercée
Soit dans tes mains un talisman heureux
Qui du malheur détourne ta pensée.

En écrivant pour charmer tes loisirs,
Entoure-toi de plaisans souvenirs ;
Ose parler aux princes de la terre,
En égayant ta verve solitaire :
Dis-leur combien tu serais enchanté
De respirer l'air de la liberté.
Tu peux gaîment émouvoir leurs entrailles ;
Dis qu'un poëte entre quatre murailles
Perd son génie ainsi que sa santé ;
Que tu voudrais observer la nature,
Pour la chanter, si c'est leur volonté ;
Qu'on parle mal, dans une tour obscure,
Du doux printemps, des prés, de la verdure,
Des rossignols, des échos d'alentour,
Des blonds Zéphirs, du joli point du jour,

A SAINTE-PÉLAGIE.

Et des parfums de l'haleine de Flore,
Objets charmans dont mille fois en vers
Nous avons tous ennuyé l'univers,
Mais dont tu veux t'entretenir encore.
Observe-leur que ta muse en échec,
Fermée à clé et mangeant du pain sec,
En cet état s'inquiète et murmure,
Qu'elle a besoin d'air et de nourriture ;
Demande enfin grâce de tes erreurs ;
En jolis vers, fais amende honorable :
Ton repentir touchera tous les cœurs.....
Mais garde-toi, si tu n'es pas coupable,
De caresser l'orgueil d'un oppresseur,
Et ne fais pas ramper la poésie,
En la souillant d'un vers adulateur.
Plus courageux, cite la tyrannie
Au tribunal du temps et de l'honneur.
N'adresse pas une plainte importune
A l'ennemi qui t'a persécuté ;
Mais dans les fers, illustrant l'infortune,
Fais-le rougir de ta captivité !

Au ton badin et enjoué, au style élégant et correct, au génie, en un mot, qui perce dans cette pièce de vers, j'ai cru reconnaître le pinceau à la fois délicat et sublime de Béranger. Me suis-je trompé ? je l'ignore ; mais, au surplus, si elle n'appartient pas à ce charmant auteur, je la juge digne de lui appartenir, et j'ose croire qu'il ne la désavouerait pas : au reste, je le lui demanderai (quand j'aurai terminé mon pélerinage, bien entendu), et si je trouve une occasion de vous apprendre ce que j'apprendrai moi-même, vous pouvez compter sur moi... Vous voyez que j'use de bons procédés à votre égard, et... *Passez-moi la rhubarbe, je vous ferai passer le séné.*

XIVe JOUR.

J'ai recueilli aujourd'hui les détails

bien circonstanciés de l'évasion du colonel Duvergier et du capitaine Laverderie.

C'est un des deux adjudans condamnés dans la même affaire que ce dernier, qui me les a transmis. Ces détails sont assez curieux, et le moyen dont on s'est servi est si simple, qu'on n'oserait même l'introduire dans un mélodrame.

Eugène de Pradel fut la cheville ouvrière de cette évasion.

On commença par se procurer, à la préfecture de police, deux permissions pour communiquer avec de certains dettiers. Ces permissions parvinrent à Eugène; une fois qu'elles furent entre ses mains, un jour, à midi, lorsque l'on fit évacuer, selon la coutume habituelle, le jardin par les détenus du corridor, pour en donner la jouissance, jusqu'à quatre heures, aux dettiers, le colonel et le capitaine se cachèrent derrière les colonnes de la galerie du jardin. On ne s'aperçut pas qu'ils n'étaient point rentrés, et sitôt que la porte qui communique avec la Dette fut ouverte, ils se glissèrent dans la chambre d'Eugène : celui-ci les enferma dans cette chambre, et descendit au guichet.

Il est fort aimé de tout le monde dans la maison. Il parla de boire une bouteille avec le gardien : celui-ci y consentit... par complaisance; car tout le monde sait, et notamment celui qui comme moi a fait son petit voyage en prison, tout le monde sait, dis-je, qu'un gardien n'a jamais soif.

La bouteille fut donc apportée, et en la buvant, en badinant, en jouant, en détournant l'attention du gardien, cet espiègle d'Eugène trouva moyen de glisser les deux permissions qu'il avait dans sa poche au nombre de celles qui avaient été laissées au guichet, comme cela se pratique toujours par les visiteurs et *visitrices* qui se trouvent à la Dette; et une fois cette opération terminée, il acheva la bouteille, et remonta à sa chambre.

Quelques minutes après les fugitifs descendirent au guichet, redemandèrent les deux permissions qu'Eugène y avait déposées, et dont ils connaissaient le contenu; et une fois possesseurs de ces papiers, et hors du guichet, ils sortirent de Sainte-Pélagie tout aussi tranquillement et aussi posément que l'on sort d'un café dans la capitale.

Cette petite escapade a valu à Eugène trois mois de séjour au Corridor Rouge, qui lui ont été octroyés par un arrêt du tribunal de police correctionnelle. En justice, ces choses-là sont punies, et cela doit être; dans le monde elles sont approuvées, et cela doit être encore. Quand donc la justice et le monde s'accorderont-ils ensemble? Il y a si long-temps qu'on le désire, et que cela n'arrive pas, que je commence à croire sérieusement que cela n'arrivera jamais; que voulez-vous que j'y fasse?

« Heureusement, comme dit en riant Eugène, de la Dette au Corridor il n'y a pas plus loin que du Corridor à la Dette, et l'on n'est pas exposé à se perdre en route, ni à s'embourber dans les ornières. »

Il est plein de gaîté et de philosophie cet Eugène : rien que le plaisir de le voir mériterait que l'on se fît mettre à Sainte-Pélagie. Essayez plutôt, et vous verrez si je suis un menteur.

XVe JOUR.

Je viens d'apprendre quelques légers détails historiques sur Sainte-Pélagie, que je ne crois pas devoir passer sous silence, persuadé qu'ils ne peuvent manquer d'exciter l'intérêt de mes Lecteurs.

J'ai su d'abord que le Corridor Rouge devait son nom à la couleur dont un *goddem* l'avait fait barbouiller.

Ce Corridor Rouge renferme le plus grand nombre des chambres historiques de Sainte-Pélagie, et si la conciergerie vit en son sein un auguste et malheureux prisonnier, et plus tard celui qui conquit le titre de prince aux champs de la Moskowa, Sainte-Pélagie possède la cellule n° 4, où le célèbre général Mina fut enfermé vers la fin de 1815, et où le spirituel et gentil ermite de la chaussée d'Antin rédige sans doute aujourd'hui les matériaux du voyage forcé que l'autorité lui fait faire. Non loin de là, au n° 6, l'Anacréon français, emprisonné pour avoir fait des chansons, essaya de se corriger en faisant des odes à la J. B. Rousseau. Maziau, qui jadis chargeait l'ennemi à la tête des *braves* des *braves*, panse ses vieilles blessures dans le n° 10. Le spirituel auteur de Calas et de Thérèse fit sa Léonide en admirant les murs assez sales du n° 11. Le Minervien Jay, sous les verroux du n° 17, songe au cardinal de Richelieu, dont il a si bien buriné l'histoire. Le savant et malicieux Léonard Gallois, réfléchit, au n° 8, sur les inconvéniens d'un parapluie patrimonial, et fait, sans sortir de sa chambre, un petit voyage en Espagne et en Portugal. Cauchois-Lemaire vit deux fois le soleil à son apogée de la fenêtre du n° 13; et enfin de la cellule du n° 2, que j'habite, est, dit-on, sortie la chanson suivante, dont on a parlé dans les journaux, et qui est devenue historique à Sainte-Pélagie.

LES AGRÉMENS D'UNE PRISON *.

Air : *Je suis Français, mon pays avant tout.*

Du soleil l'ardeur trop brûlante
Brunissant un beau jour mon front,
D'un voisin la main complaisante
Voulut m'épargner cet affront.   (*bis*)

---

* Le Courrier des Spectacles ayant inséré, en avril 1823, que j'avais fait, à Sainte-Pélagie,

A SAINTE-PÉLAGIE.

Un certain soir, un vrai pince sans rire,
M'ayant conduit dans certaine maison,
Rien qu'en entrant je fus forcé de dire : } *bis.*
Ah! qu'on est bien (*bis*) en prison.

Un moderne Croque-Mitaine
M'accoste, et grossissant sa voix,
En m'empestant de son haleine,
Me dit, ayant craché trois fois : (*bis*)
« Du boursicot, pour me graisser la patte,
« Il faut ici dénouer le cordon,
« Sinon, tu vas passer à la savatte. »
Ah! qu'on est bien, etc.

---

une chanson *fort drôle* sur ma *paillasse*, j'ai cru devoir placer ici ces couplets; mais la vérité est qu'ils furent chantés, et non *faits* au Corridor Rouge. Les mœurs de ce corridor, fidèlement retracées dans le cours de mon Voyage, n'ont d'ailleurs, ainsi qu'on peut le voir, aucune espèce de rapport avec les faits *ignobles* et *de mauvais genre* rapportés dans cette chanson. Celle-ci fut faite dans le n°. 3 du *dépôt de la Préfecture de police*, espèce de cloaque impur, où la moindre vétille (une dispute, un *attardement*, un *moment d'ivresse*, un *cours de langue intempestif*) peuvent vous conduire, et dont malheureusement les

En faisant piteuse grimace,
Ayant allongé mes vingt *ronds* *,
Je fus admis à prendre place
Au milieu d'un rang de larrons. (*bis.*)
Et puis d'une eau dégoûtante et salée,
Qu'on eût le front d'appeler du bouillon,
On me remplit une tasse éguculée.
Ah! qu'on est bien, etc.

Ces gens-là me braillaient sans cesse
Qu'ils étaient des pauvres honteux,
Que des gueux sans délicatesse
Avaient fait coffrer dans ces lieux. (*bis.*)
Je ferme l'œil, et soudain l'on m'agrippe,
Sans ressentir le toucher du larron,
Et mon tabac, mon mouchoir et ma pipe.
Ah! qu'on est bien, etc.

---

sept couplets ci-joints présentent un tableau frappant de vérité et de ressemblance. Je devais cet éclaircissement à ceux qui ont charmé les instans passablement ennuyeux de mon Voyage à Sainte-Pélagie, et qui n'ont et n'auront jamais aucun trait de similitude avec les individus mentionnés dans ma chanson.

* Expression qui, dans ce charmant endroit, veut dire vingt *sous*.

A SAINTE-PÉLAGIE.

 Les guichetiers de ces demeures
 Vous apportent complaisamment,
 Au bout de deux petites heures,
 Ce qu'ils font payer doublement : (*bis.*)
A vous garder ils trouvent tant de charmes,
Qu'au moindre pas fait hors de la maison,
Pour vous guider vous avez deux gendarmes.
Ah! qu'on est bien, etc.

 Quand Phébus, d'un pas fort alerte,
 Décampe et ramène le deuil,
 Heureux qui pince une couverte
 Sans se faire pocher un œil. (*bis.*)
En rang d'oignon l'on plante sa paillasse,
Et puis chacun, comme un vrai cornichon,
Sur son grabat se jette à pile ou face.
Ah! qu'on est bien, etc.

 Quand par une chance commune,
 Ce qui se voit assez souvent,
 Un camarade d'infortune
 De la gale vous fait présent, (*bis.*)
Vous plaindre alors serait une injustice;
Car, dans ce cas, sans vous chercher raison,
En un clin-d'œil on vous grimpe à l'hospice.
Ah! qu'on est bien (*bis*) en prison.

Hors du Corridor Rouge, il n'est aucune chambre qui rappelle le moindre souvenir agréable, excepté le n° 11 et le n° 9 de la Détention. Ce fut dans la première cellule qu'à demeuré Joséphine Tascher de la Pagerie, depuis Mme de Beauharnais, et depuis..... Il est vrai de dire qu'alors Sainte-Pélagie n'était pas encore une prison; mais depuis qu'elle a subi cette *gentille* métamorphose, la trop célèbre et trop infortunée M$_{me}$ Roland y fut aussi prisonnière, et ce fut dans la chambre n° 9 qu'elle écrivit ses immortels mémoires.......

Et dans quelques années, que de noms célèbres ne pourra-t-on pas citer encore.... Ce sera une chose fort curieuse que la nomenclature biographique de tous les hommes un peu connus en France qui sont venus faire un petit pélerinage dans la rue de la Clé... Quelle plume se chargera d'un travail aussi piquant... Ah! si la mienne n'était pas si faible!... Si c'était celle d'un de Jouy ou d'un Jay.... Quelle bonne aubaine pour les Lecteurs... Au surplus, de la patience, le temps nous en apprendra davantage....

Rien de nouveau, du reste, dans la matinée. De deux à trois heures, ne sachant que devenir, j'ai fait une chanson. *In varietate voluptas*, ai-je mis pour épigraphe à ce chapitre; c'est un vieux proverbe, et comme il est physiquement et moralement prouvé que les proverbes ne se trompent jamais, toutes les fois qu'ils ont raison, je vous soumets ladite chanson afin de varier un peu le style de ce léger Ouvrage.

SOUVENIRS A MES AMIS.

Air : *Ah! sèche tes pleurs !*

Aux plus doux des enfans d'Eole,
Voltigeant près de ses barreaux,
Un captif, pour calmer ses maux,
Dont rien, hélas! ne le console,
Adressait ainsi la parole :
 « Zéphirs passagers,
 « Loin des lieux que j'habite,
 « Ah! portez, portez vite   } bis.
 « Et mes vœux et mes baisers.

« En attendant les jours prospères
« Où, suivant de plus douces lois,
« Je pourrai, tout comme autrefois,
« Aux doux accens de nos bergères
« Marier mes chansons légères.
 « Zéphirs passagers, etc.

A SAINTE-PÉLAGIE.

« Il est une femme chérie
« Que je ne puis plus embrasser ;
« Comme moi, pour la caresser,
« Pour dire à cette tendre amie,
« Loin d'elle combien je m'ennuie,
   « Zéphirs passagers, etc.

« Pour que votre aile vigilante
« Rappelle mon nom quelquefois
« A ces vieux amis qui, parfois,
« A ma voix souvent chancelante
« Prêtaient une oreille indulgente.
   « Zéphirs passagers, etc.

« Dites-leur qu'à peine l'aurore
« Chasse les ombres de la nuit,
« Je ne rêve, dans mon réduit,
« Qu'à ce doux moment que j'implore
« Où j'irai les entendre encore,
   « Zéphirs passagers, etc.

« Mais déjà mon geôlier s'éveille,
« De me taire il me fait la loi.
« Dites-leur qu'ils pensent à moi ;
« Et ce qu'ils chantent sous la treille
« Rapportez-le vers mon oreille.
   « Zéphirs passagers,
      « Loin des lieux que j'habite,
      « Ah ! portez, portez vite,   } bis.
      « Et mes vœux et mes baisers.

Sur les cinq heures du soir, on m'a fait appeler chez l'adjudant R... Il s'agissait de lui donner un coup de main, ou plutôt un coup de langue, pour l'aider à vider une douzaine de bouteilles de vin de Chablis, qu'il avait une peur terrible de voir s'éventer dans sa cellule...

Nous étions dix à douze gaillards de bonne volonté pour consommer le grand œuvre, et rien n'était plus plaisant et plus grotesque que le tableau que présentait un si grand nombre de personnes réunies en un si petit endroit.

Sept d'entre nous s'étaient placés en rang d'oignon sur le lit de l'adjudant. La chaise de rigueur dans chacun de ces gentils appartemens, était à peine suffisante pour maintenir le volumineux éditeur du Pilote, et le Miroir, le Journal du Commerce, le Courrier des Spectacles et l'adjudant s'étaient fagotés une espèce de banc avec les débris d'une mauvaise chaise de paille.

Quoiqu'il en soit, quand on eut dégusté le petit vin blanc de ce bienheureux Chablis, la gêne de la position disparut, et l'on n'en vit plus que le piquant.

Les anciens militaires, comme les nouveaux, aiment les chansons de gloire : c'est le feu sacré inné en France, et qui ne s'éteindra jamais... En conséquence je fus invité à en conter une à ces messieurs, et voici celle que je leur soumis, et qui fut

accueillie avec une espèce d'enthousiasme.

PAUVRE VICTOR !...

Air : *des Chevilles de Maître Adam.*

Brillant d'amour, d'espoir et de jeunesse,
Le beau Victor, à l'age de vingt ans,
Allait s'unir à gentille maîtresse,
Quand la victoire appela ses enfans
Lorsqu'il s'agit de servir la patrie,
Plaisir d'amour en vain nous est offert;
Mais quand fallut quitter sa douce amie :
Pauvre Victor! hélas! qu'il a souffert!

A cette époque, on n'avait point encore
De notre char détaché tous les rois,
Et de l'Adige, aux rives du Bosphore,
Cent monumens attestaient nos exploits.
Avec orgueil notre Victor s'élance
Dans le chemin que Mars avait ouvert;
Mais chaque pas l'éloigne de la France:
Pauvre Victor! hélas! qu'il a souffert!

A SAINTE-PÉLAGIE.

Nos vieux drapeaux, vainqueurs de tant d'orages,
Flottent déjà sur les tours de Moscou;
De leur pays pour venger les outrages,
Les noirs frimats descendent tout-à-coup;
Les aquilons dispersent nos bannières;
Sous nos soldats l'abîme est entr'ouvert,
Il reste droit, et voit tomber ses frères :
Pauvre Victor! hélas! qu'il a souffert!

Un pauvre chien, présent de sa maîtresse,
L'avait suivi dans ces climats affreux;
Pendant long-temps, chagrins, plaisirs, détresse,
Même le pain, tout fut commun entr'eux;
Mais au besoin le pauvre chien succombe,
Puis se traînant jusqu'au maître qu'il sert,
Pour le lécher, il se lève et retombe :
Pauvre Victor! hélas! qu'il a souffert!

C'en est donc fait, la Victoire infidèle
Loin de nos pas a porté son essor;
Pour l'arrêter dans sa course nouvelle,
Le désespoir combat avec Victor.
Un noir chagrin, qui dans les cœurs circule,
Frappe les preux qu'a respectés le fer;
Il est Français, et l'on veut qu'il recule :
Pauvre Victor! hélas! qu'il a souffert!

Il le revoit le beau sol de la France,
Mais écrasé par les hordes du nord;
A chaque pas la haine et la vengeance
Autour de lui semblent vomir la mort;
Et lorsqu'il vient chercher, pour le défendre,
L'humble hameau où son œil s'est ouvert,
Le vent soulève un tourbillon de cendre....:
Pauvre Victor! hélas! qu'il a souffert!

La douce paix relève sa chaumière,
Sa tendre amie a cessé de pleurer,
Et dans ses bras, près de sa bonne mère,
Victor heureux n'a rien à désirer.
Mais des guerriers qui gardent sa patrie,
Lorsque de loin il voit briller le fer,
En soupirant il pense à la Russie:
Pauvre Victor! hélas! qu'il a souffert.

Le chapitre de la politique fut ensuite mis sur le tapis. On se disputa, on se chamailla; et puis l'heure de la rentrée arriva, et chacun se retira chez soi, bien persuadé que lui seul avait raison, et que tous les camarades avaient tort.

XVIᵉ JOUR.

J'ai fait aujourd'hui une assez longue station dans la chambre qu'habita Béranger pendant le cours de sa détention, c'est, comme on le sait, le n° 6.

Cette chambre est la plus grande du corridor, elle contient à présent six lits. Béranger eût pu y donner des banquets; mais, à cette époque, on ne recevait personne d'étranger chez soi; en revanche, il recevait à lui seul, au salon, autant de monde, et même plus, que le reste du corridor. On a compté jusqu'à trente personnes différentes qui sont venues le voir dans le cours d'une seule journée.

Il reçut, pendant sa détention, deux jolis lilas, qu'il fit transplanter, avant sa sortie, dans le jardin. Ils y sont encore, on me les a montrés; mais ce terrain sablonneux ne convient pas à ces arbustes; et depuis qu'ils y sont, les feuilles s'y développent tous les ans; mais il n'y pousse plus de fleurs.

J'étais dans sa chambre, je considérais avec respect ce réduit jadis illustré par sa présence. Je fixais, avec une sorte d'enthousiasme, ces barreaux dont il a parlé dans ses adieux à la campagne, et dont il a dit, avec tant d'expression et de justesse :

A SAINTE-PÉLAGIE.

A mes barreaux j'attacherai ma lyre,
La Renommée y jettera les yeux.

Tu ne t'es pas trompé, Béranger, elle y a jeté les yeux, et la France entière a suivi ses regards.

J'étais plongé dans un océan de réflexions. Il existe un charme, un prisme magique dans tous les objets qui sont devenus les compagnons familiers d'un homme célèbre. « Ici, me dit l'adjudant R...., à la suite d'un banquet qu'il nous donna, il nous chanta plusieurs de vos chansons, en nous en faisant l'éloge. Il me prêta même à moi un de vos recueils où il avait fait des marques à celles qu'il estimait le plus.

Ces paroles de R.... sont à mes

yeux la louange la plus délicate et la plus flatteuse qui m'ait jamais été adressée. Je voulus faire quelque chose dans la chambre où il avait peut-être composé des chefs-d'œuvre ; il me sembla que cela m'inspirerait. Vaine prétention ! était-ce le même homme qui l'habitait?... N'importe, je pris une plume, R.... se retira et j'écrivis.

SUR LE SILENCE DE BÉRANGER.

Air : *La garde meurt, etc.*

Vous qui brillez aux rives du Permesse,
Je vous invoque aujourd'hui, chastes sœurs ;
Qu'une de vous, s'élançant vers Lutèce,
Vienne échauffer et ranimer nos cœurs.
De Béranger la verve est endormie,
Et tout languit aux champs comme aux palais.(*bis.*)
Ah ! rendez-donc, rendez à ma patrie
Les doux accens du rossignol français.

À SAINTE-PÉLAGIE.

Vous le savez, ses vieux récits de gloire
De nos guerriers endormaient les douleurs;
Sous son crayon les cyprès de la Loire
Se revêtaient d'une robe de fleurs.
La liberté, par les excès flétrie,
Trouvait asile en ses nobles couplets.
Ah! rendez-donc, etc.

Pour expier une erreur passagère,
Déshérités par le climat natal,
Quand nos proscrits, sur la terre étrangère,
Allaient chercher un destin moins fatal,
Sur leur blessure au moins sa main chérie
Versait alors le baume des regrets.
Ah! rendez-donc, etc.

En folâtrant, quand sa lyre enchantée
D'un ton badin célébrait les amours,
Par ses accens, la bergère agitée
Baissait les yeux et rêvait les beaux jours.
La chansonnette, à sa voix refleurie,
Déjà d'un crêpe a voilé ses attraits.
Ah! rendez-donc, etc.

Comme on a vu les refrains de Tyrtée
Sauver les Grecs du joug de l'étranger ;
De Béranger la voix ressuscitée
Peut s'illustrer en un jour de danger.
A cette voix, dans la France attendrie,
Des bataillons sortiraient des guérêts.
Ah ! rendez donc, rendez à ma patrie
Les doux accens du rossignol français.

Puisse cette chanson parvenir jusqu'à lui, et lui rendre le plaisir que j'éprouvai moi-même quand j'appris qu'au sein de sa captivité, il avait daigné dire du bien de moi.

CHAPITRE IX.

L'HOMME AU PANACHE NOIR.

« On dira tout ce que l'on voudra; mais le Solitaire de M. Darlincourt est un véritable diamant. »

(*Le Protégé de tout le monde, Porte St.-Martin.*)

XVIIᵉ JOUR.

Aujourd'hui j'ai du chagrin; mon amie est malade, et cette seule nouvelle semble avoir enveloppé toutes mes idées d'un crêpe funèbre.

Je veux secouer les sinistres pensées qui me préoccupent, en me livrant à la composition d'une chanson qui soit un peu gaie. Vains efforts..... je vois tout en noir.

N'importe, travaillons toujours : il le faut ; car je vous jure que pour celui qui ne se livre pas à une occupation quelconque, en prison, le temps est bien autrement long que pour celui qui trouve le moyen de s'occuper.

Travaillons donc... mais à quoi ?... Eh, ma foi, dans la disposition d'esprit qui m'attriste, tâchons de trouver quelque chose de sombre, de terrible, quelque chose, en un mot, dans ce genre romantique, que les œuvres de lord Byron ont mis en si grande faveur en France. Quels que soient les défauts que l'on reproche avec tant de justesse à ce genre bâtard, *il plaît...* Quel plus bel éloge en peut-on faire ?

Eh puis je ne suis pas fâché d'apprendre à mes Lecteurs que si j'ai réussi quelquefois à les faire rire, il n'eût tenu qu'à moi de leur faire dresser les cheveux sur la tête. Ils peuvent en juger par le fragment suivant que je leur communique, seulement pour faire l'essai du genre, et en les avertissant que ce sera probablement, après le récit de mon Voyage à Sainte-Pélagie, le premier ouvrage qui sortira de ma plume ; car je vous avouerai franchement qu'il faut un peu varier ses couleurs, et qu'il est bien permis, en la payant à son papetier, bien entendu, de se servir alternativement d'une encre rose et d'une encre noire.

VOYAGE

L'HOMME
AU PANACHE NOIR.

CHAPITRE PREMIER.

Zamor, pour son malheur, est un de ces mortels
Qui sont ou des héros ou de grands criminels.
Sur le sol africain, on ne l'a pas vu naître ;
Il n'a pas vu le jour sous un ciel embrasé,
Et cependant son cœur, rarement maîtrisé,
Fut composé de feu, de sang et de salpêtre.
De frimats et de fleurs entourant son berceau,
Le Destin sur son front secoua son flambeau.
Reçois à ton aurore une ame peu vulgaire,
Vois d'un œil de mépris la masse des humains,
Sois homme de génie..... Hélas! que je te plains.
Par un arrêt du Ciel, l'opprobre et la misère
De l'homme de génie abrègent la carrière :
C'est le sort d'un grand homme, et pour toi je le crai

Il est minuit..... L'astre des nuits plane dans les nuages..... Zéphire agite seul la surface des ondes, et le silence le plus noble, le plus imposant, enveloppe l'univers......

Un vaisseau, qui sillonne doucement les vagues appaisées, en faisant naître sur son passage un léger murmure, trouble seul cette douce, cette majestueuse harmonie. La mer, qui se fend à son approche et se referme derrière lui, fait entendre, en entr'ouvrant et dérobant la profondeur de ses abîmes, une espèce de gémissement qui ressemble aux plaintes d'une ombre errante dans le vague des airs.....

L'alcyon, dont la plume légère frôle çà et là la surface liquide, et quelquefois les voiles et la proue du bâtiment, fait résonner de temps en temps dans les airs son cri rauque et monotone, et le zéphir, en recueillant le murmure des vagues et le cri de l'oiseau marin, le porte, loin de l'oreille des navigateurs, jusqu'aux climats où la fable prétend que jadis Jason courut enlever la toison aux tresses dorées.

Zamor a cherché le sommeil, et le sommeil s'est éloigné de lui. Depuis le jour où, pour la première fois, le glaive de Zamor s'est baigné dans le sang, le sommeil a fui de sa paupière. Zamor est un de ces hommes nés pour les grands crimes ou les grandes actions. La nature en formant son ame la composa de feu, de sang, et de salpêtre; le destin, à sa naissance, secoua son flambeau sur sa tête, et lui dit : « Tu ne ressembleras pas au vulgaire des humains; je te crée homme de génie, et je te plains, tu seras malheureux!..... * »

La jeunesse de Zamor est enveloppée des voiles les plus épais: Le temps en a dévoré le souvenir; on ne sait si les vertus ou les crimes ont marqué cette première époque de son existence. Au moindre mot qui tendrait à lui rappeler des jours qui ne sont plus, le feu de la colère embrase ses regards; des torrens de

---

* Diderot a dit quelque part : « La nature en « formant un homme de génie, lui secoue son « flambeau sur la tête, en lui disant : *Sois* « *grand homme, et sois malheureux.* »

flammes jaillissent de ses yeux. Le maître de la foudre n'a pas le coup-d'œil plus terrible. Tout tremble, tout se tait, tout s'éloigne...... Alors cette force indomtable l'abandonne, sa tête retombe sur son sein, et le redoutable Zamor n'est plus qu'un homme ordinaire.

Il a vu tous les mortels soumis à ses ordres aller se livrer au sommeil. Seul il ne l'a pas cherché, il sait trop que ce Dieu bienfaisant n'est plus fait pour lui; il sait que les longs cils noirs dont ses yeux sont ombragés ne peuvent plus se fermer, et qu'il est peut-être condamné à veiller jusqu'au moment où l'ange des ténèbres sortira de ses sombres demeures pour venir l'étouffer dans ses bras.

« Seul je veillerai pour tous, a-t-il dit à ses compagnons d'armes, avec cette voix sombre et forte qu'il essaye vainement de rendre moins terrible et moins menaçante ; allez vous reposer de vos longues fatigues.... le soleil, en se cachant dans les ondes, a donné le signal du repos... allez savourer ses douceurs ; que les couches suspendues soient sur-le-champ dressées, et dormez sans inquiétudes..... je veille pour vous... »

On l'écoute en silence ; quelques regards expressifs, tournés vers lui, semblent indiquer cependant que ses compagnons d'armes préféreraient veiller, afin qu'il se reposât lui-même quelques instans.

Il a deviné leur pensée. « Allez,

leur répète-t-il d'une voix forte, allez, et reposez en paix; quant à moi, je ne dors jamais..... »

Ses vœux ont été accomplis. Peu à peu tous ses frères d'armes ont disparu. Un seul restait encore, et semblait ne pas vouloir quitter Zamor. Un geste impérieux l'a forcé de s'éloigner, et Zamor est resté seul..... seul avec l'univers et son cœur.....

L'air était paisible, aucun nuage n'en troublait la noble tranquillité, et le miroir des ondes ne réfléchissait qu'un ciel pur; mais les tempêtes qui s'entrechoquent dans notre ame sont plus terribles que les orages qui ravagent les airs, et plus est profond le silence qui nous environne, plus nous entendons le choc des orages qui grondent dans nos cœurs...... Le seul moyen de faire taire, ou du moins d'affaiblir les murmures de notre conscience, est de nous précipiter au milieu de ces scènes d'épouvante et d'horreur qui nous absorbent et nous arrachent aux souvenirs.

Au lieu de scènes terribles, Zamor n'avait sous les yeux que de ces images douces et mélancoliques qui laissaient gronder avec force toutes les passions violentes qui déchiraient son ame. Appuyé sur son large cimeterre, son œil se fixait sur les flots, tandis que sa pensée, plus libre et plus audacieuse, volait, en traversant les mers, jusqu'aux extrémités du monde.

Bientôt les souvenirs se pressèrent en foule, et le forcèrent à rappeler sa pensée d'une contrée où l'appelait sans cesse un charme inexprimable. Bientôt elle suivit le regard de Zamor, et, comme lui, plana sur les ondes.

Il considéra ce majestueux spectacle avec une silencieuse admiration.

« Que les hommes sont petits ! dit-il enfin avec cette sombre amertume qui dénote les blessures de l'ame, que les hommes sont petits devant de telles images !..... Quelques atômes, épars çà et là dans l'immensité des mondes, s'imaginent compter pour

beaucoup dans la création univer-
selle, et veulent faire marcher à leur
gré les ressorts innombrables qui font
mouvoir la nature!...... Insensés!.....
orgueilleux mortels!... » Ici il s'arrêta. Sa tête, qu'il avait relevée et
balancée avec fierté tandis qu'il par-
lait, retomba sur son cœur, et il
parut de nouveau absorbé dans sa
rêverie.

« Est-ce bien moi, reprit-il une
seconde fois, est-ce bien moi dont le
nom jadis fut cité avec tant d'éloges,
moi, l'orgueil, l'espoir de ma patrie,
qui rôde maintenant sur les mers,
comme un lâche pirate, un vil aven-
turier?.... O! Destin, sont-ce là les
faveurs que tu m'avais promises?...

« Eh quoi, ajouta-t-il, et ses yeux

prirent une expression menaçante, est-ce bien moi qui ose jeter un regard sur le passé?... N'ai-je pas juré haine éternelle aux humains?... Ce serment je le tiendrai. On m'a forcé de devenir cruel.... Je le deviendrai.... Mon glaive, qui s'est déjà tant de fois baigné dans le sang, veut s'y baigner encore.... Mais, quoi, du sang.... toujours du sang.... n'en ai-je donc pas assez répandu?.... O! terre, que ne m'as-tu, depuis long-temps, englouti!... Que de crimes, que de remords tu m'aurais épargnés!... »

En disant ces mots, le panache noir qui surmontait sa toque brillante se balançait dans les airs. Cette taille imposante et majestueuse, qui n'était qu'à lui, semblait le faire planer sur les ondes; le dieu Mars lui-même eût plié le genou devant Zamor.

Il tourna ses regards vers l'entre-pont où se reposaient ses compagnons. La lune qui brillait sur leurs armes, et leur donnait l'éclat du diamant, faisait mieux ressortir encore leurs vêtemens sombres et lugubres. « Êtres heureux, dit-il en soupirant, nuls soucis, nulle crainte, nuls remords même ne veillent sur leur conscience, et n'écarte le sommeil de leurs paupières... Ils reposent, et moi, cette douce consolation, cet élixir précieux qui chasse les douleurs et répare les fatigues de la vie, ce bienfait de la destinée..... m'est refusé.....

« Heureux!... le sont-ils?... Quel charme s'attache à leur existence?... Nulle de ces grandes pensées, dont le Destin est avare, ne pénètre dans leur ame. De froides passions, des désirs plus froids encore, voilà leur apanage.... Nés dans la poussière, ils ont grandi, ils vivent, ils mourront dans la poussière..... Avec eux leur nom descendra dans la tombe, et rien d'eux ne survivra à leur dépouille mortelle..... Vils esclaves, qu'un mot de moi fait rentrer dans la terre, ai-je bien pu désirer votre sort?.... Ne suis-je plus Zamor?... Le malheur aurait-il éteint dans mon cœur cette soif de renommée que je ne pus appaiser jamais?... Hélas!...

je ne suis plus que l'ombre de moi-même... »

Il a dit, et sa voix résonne encore dans l'immensité des airs, quand son œil perçant découvre au loin le point imperceptible qui doit vomir la tempête. Ce n'est qu'un léger nuage sur la voûte céleste; mais ce nuage va porter les abîmes de la mer aux pieds du trône de l'Eternel.... Zamor le sait.... Jeune encore, le souffle du malheur semble avoir fait glisser dans son cœur la connaissance de toutes choses... Il le sait..... Il prévoit un combat terrible des élémens; et loin de s'en effrayer, il est heureux.

L'aspect du danger dévore les souvenirs. Zamor redevient ce qu'il

était. Il parle, et nul de ses [com]
pagnons n'est sourd à sa voi[x ; le]
salpêtre grondant près d'eux [ne les]
éveillerait pas : une parole d[e leur]
mor se glisse dans le sang q[ui ali]
mente leurs veines, et pénètr[e jus]
qu'au fond de leur ame.....

La parole expire à peine s[ur ses]
lèvres, et déjà tous sont rangé[s au]
tour de lui.... Tous attenden[t ses]
ordres.

Au costume noir qui les dé[couvre]
et au sombre et riche vêtemen[t de]
leur chef, on croirait voir l'ang[e des]
ténèbres, après sa chute, haran[guant]
encore les esprits infernaux. [Aucun]
murmure ne se fait entendre. L[eurs]
mains saisissent leur cimeterre. [Ils]
n'attendent qu'un mot, un seul mo[t...]

Ils ignorent pour quel motif leur chef a troublé leur sommeil. Mais n'importe : qu'il parle, et l'éclair sera moins prompt que leur obéissance.

Mais Zamor parle rarement ; rarement il aime à faire résonner sa voix. Il est avare de paroles. Il semble, par moment, avoir oublié jusqu'au timbre de l'organe qui transmet les sons ; mais son geste en a dit assez. Il a levé son bras vers l'Occident pour désigner la tempête, et ce bras n'est pas encore retombé que déjà tous sont à leur poste.

Tous, dis-je... non pas tous ; Aldamir est resté près de Zamor. Celui-ci lui parle quelquefois. Seul il possède cette faveur. Il en est digne, il en est jaloux; et quand le sort des combats jette des monceaux d'or sur le navire, un seul mot de Zamor est la récompense d'Aldamir.

Il aime Zamor, il le plaint, il le cherche. Jamais il ne lui parle de son amitié, de ses désirs; mais il serre la main de Zamor, Zamor serre la sienne; pas un mot ne s'est dit, et tous deux s'entendent.

Il est donc vrai qu'ils existent ces liens invisibles que le hasard a jetés pêle-mêle dans le vague des mondes, et qui se cherchent, se rencontrent et s'attachent pour jamais!.... Douce sympathie! malheur à l'insensé qui oserait nier ta puissance!....

Aldamir est là; mais Zamor ne le

voit pas. Ses yeux, ses pensées, tout son être, en un mot, plane dans ces nuages qui, poussés par l'Eurus, ont envahi l'atmosphère. Ce qu'il voit dans ces montagnes de brouillard et de souffre, nul autre que lui ne peut l'apercevoir, et Zamor ne le dévoilera jamais : ce secret mourra dans son sein.... Il faut que cet aspect soit bien terrible; car les éclairs qui partent de ses yeux font même pâlir les foudres du maître de l'univers.

Qu'est devenu cet azur dont quelques minutes auparavant les ondes réfléchissaient la douce majesté? D'épaisses ténèbres en ont dérobé la vue, et la lueur déchirante des nuages embrasés a remplacé le doux éclat de l'astre des nuits. Image trop fidèle de la vie des hommes... Un instant, un seul instant suffit pour amener la plus terrible des tempêtes.

Déjà le ministre des vengeances célestes résonne dans les airs.... Il n'est pas répercuté par les échos des montagnes; mais les abîmes de la mer semblent, en engloutissant ses grondemens dans leur sein, en promener le bruit dans leurs humides cavernes.... La foudre en est plus terrible encore..... et là le mortel qu'elle effraye ne peut lui dérober sa tête....... Là disparaissent ces moyens ingénieux par lesquels les hommes ont trouvé le secret d'enchaîner et de détourner sa colère...

Tout tremble, tout pâlit, Zamor

seul conserve ce sang-froid qui caractérise les grandes ames... Tout frissonne autour de lui... et il rit.... Un sourire de satisfaction semble vouloir percer sur son visage, ordinairement empreint des sillons de la mélancolie. Il rit, et sa fermeté ranime le courage de tous ceux qui l'entourent. Êtres vulgaires et pusillanimes, ils n'ont pas une pensée qui leur appartienne, et Zamor est pour eux le seul Dieu dont ils craignent la vengeance, ou désirent les bienfaits.

Mais déjà la foudre s'est approchée, les éclairs ont englouti les ténèbres qui les séparaient, le ciel n'est plus qu'une vaste fournaise. De minute en minute le feu céleste trace des sillons enflammés sur les eaux, la tempête est à son comble.

Un air brûlant est le seul que l'on aspire, et la langue cherche en vain dans la bouche cette salive bienfaisante que la nature, toujours sage et prévoyante, doit y avoir placée. Les cieux ne s'ouvrent que pour vomir des torrens de flammes. Pas une goutte d'eau ne s'en échappe.

Les vagues, semblables aux Titans, paraissent envahir les célestes demeures, et du haut des cieux retomber avec fracas jusqu'au fond de leurs cavernes profondes. La foudre, en les frappant à coups multipliés, y produit un mugissement terrible. Et tant de bruits mêlés et confondus, en s'entrechoquant autour du bâtiment, font de nouveau pâlir le front des plus intrépides.

Tout-à-coup le ciel se déchire, la foudre s'élance, elle frappe... Un des mâts du vaisseau est brisé... Un cri terrible se fait entendre.... Ce cri, il est affreux, et pourtant il n'a pas pénétré jusqu'à l'oreille de Zamor... Ce n'est plus Zamor qui se trouve sur le vaisseau... c'est bien son corps; mais tout ce qu'il a de facultés intellectuelles est fixé sur cette écume blanchâtre qui colore l'extrémité des vagues, de même que des neiges éternelles blanchissent les sommets élevés des Cordillières et des Alpes.

Il est là, fixe, immobile; il semble plongé dans un profond sommeil.....

Mais le réveil doit en être terrible. Ses yeux s'égarent, tout son corps tressaille, des sons inarticulés essayent vainement de s'échapper de sa bouche, ses bras s'étendent vers les eaux, comme s'il apercevait quelque chose qu'il voulût embrasser. « Elle est là, dit-il d'une voix étouffée... elle m'appelle... elle m'invite à venir la rejoindre.... Attends... attends, je suis à toi.... » A ces mots il se détache du vaisseau... il va s'élancer....

Aldamir est là... Zamor échappe à la mort; il est saisi avant d'avoir pu tirer son redoutable cimeterre. Zamor n'a plus sa raison... Les mots qu'il prononce sont incohérens, inintelligibles; ses yeux égarés attestent la force des émotions dont son ame est la victime, et pourtant ils ne s'éloignent pas de ces ondes furieuses où son imagination délirante croit apercevoir sans doute l'image de quelque femme dont le souvenir ne pourra jamais s'effacer.

Il croit voir cet objet fantastique s'approcher.... Il fait de nouveaux efforts... Ils sont inutiles.... Il tombe sans connaissance dans les bras d'Aldamir...

Aldamir fait un signal : tout le monde s'éloigne. Seul il s'est chargé de Zamor : c'est un soin qu'il ne veut céder à personne... Telle est, ou du moins, hélas! telle devrait être l'amitié.....

Il cherche à le faire revenir de cet

état si voisin de la mort ; mais ses efforts sont vains, Zamor ne l'entend pas, et son ame semble l'avoir tout-à-fait abandonné. Il faut renoncer à ce projet : le temps est le seul médecin qui puisse opérer dans cette circonstance, et le repos le seul besoin qui reste à Zamor. Aldamir le pense du moins. Il enlève son ami dans ses bras, et va le déposer sur son lit, puis il le quitte, quoique à regret, pour donner, en son absence, les ordres que nécessite la tempête.

Mais déjà les nuages les plus sulfureux ont déserté l'horizon. La foudre n'est plus perpendiculaire, elle ne gronde plus que dans le lointain ; les éclairs sont moins fréquens, les yeux en sont moins déchirés, et la lueur pâle et blafarde de la lune se fraye quelquefois un chemin entre les nuages, dont elle argente les extrémités.

L'orage a disparu, l'alcyon plane de nouveau sur les ondes, et annonce la fin de la tempête. Des brises légères ont remplacé la fougue des autans, et les nuages ont fui jusqu'aux extrémités de l'univers.

Zamor repose encore, et pourtant l'aube, qui blanchit peu à peu, laisse apercevoir les forêts de pins qui couronnent les rives où il se propose de descendre. Des montagnes où règne une verdure éternelle semblent accourir, le front paré de guirlandes printannières, au-devant du bâtiment qui sillonne majestueusement les ondes appaisées.

Déjà l'on distingue le vol de l'aigle qui place son aire dans les creux élevés des montagnes. Déjà le cri de l'orfraie frappe les oreilles des compagnons de Zamor. A cet heureux aspect, tous sont accourus pour jeter un œil avide sur ce fortuné rivage, que la dernière tempête leur avait fait craindre de n'atteindre jamais.

Le crépuscule fait place à l'aurore; les étoiles ont pâli; la lune n'a plus que l'éclat d'une glace transparente; le vaisseau touche presque à la rive. Zamor reparaît : chacun l'observe avec une inquiète curiosité. Quelques yeux jaloux semblent vouloir scruter les pensées qu'il cache soigneusement dans les derniers replis de son ame ; mais leurs efforts sont inutiles. Zamor est tel qu'il était la veille, sa figure a la même expression : peut-être la teinte en est-elle encore plus sombre, plus mélancolique ; mais rien ne trahit les émotions terribles qu'il éprouva pendant l'orage.

« Tu l'as voulu, mon Dieu, dit-il en mettant pied à terre sur le rivage. » Voilà les seuls mots qui lui échappent. Il laisse la moitié de ses troupes sur son vaisseau, et, suivi des autres compagnons de sa fortune, il s'enfonce dans les ombres épaisses d'une forêt de pins, de cèdres et de hêtres qui vient, pour ainsi dire, faire baigner ses racines par les flots de la Méditerranée.

Qu'une forêt est belle quand les premiers rayons du soleil viennent se glisser entre ses dômes verdoyans! les gouttelettes que la rosée a placées sur les feuilles, réfléchissent les feux de l'astre de lumière, et font rejaillir de tous côtés des étincelles de mille couleurs, de mille nuances différentes. Les mines de Golconde elles-mêmes pâliraient devant ces innombrables escarboucles.

Mais toutes ces richesses, toutes ces beautés de la nature s'étalaient vainement aux yeux de nos voyageurs. Pour eux depuis long-temps la nature était sans attraits, et Zamor, dont l'ame de feu et le profond génie eussent jadis admiré tant de riches merveilles, Zamor était plongé dans une sombre mélancolie qui le rendait insensible à tout ce qui l'entourait.

Vainement pour lui le rossignol au col doré tirait de son gosier les sons les plus vifs et les plus mélodieux; vainement mille oiseaux divers faisaient retentir les cieux de concerts pleins d'harmonie; la forêt fut traversée avec la même indifférence que l'on met à traverser les champs les plus arides et les plus ingrats.

Soudain au-dessus des arbres qui forment la lisière de la forêt, paraissent quelques tours antiques. A cet aspect Zamor frémit. Le terme de ce nouveau voyage est arrivé. Il ne doit aller plus loin qu'en ennemi. Il s'arrête, et tout le monde l'imite. Il fait placer en rond les hommes qui l'accompagnent, et se place au milieu d'eux. « Amis, leur dit-il, et il semble appuyer avec une sorte d'amertume sur ce mot *amis*, d'ici vous apercevez les tours de Rhodes. Une poignée d'hommes tels que vous envahirait jusqu'à la superbe Bysance. Rhodes doit tomber en votre pouvoir en moins de temps que n'en met la foudre à s'élancer sur la terre. Rhodes nous offre un asile dont toutes les puissances du monde ne pourront nous arracher. Suivez-moi, et imitez-moi. »

Il a dit, et soudain son glaive est balancé dans les airs ; mille fers brillent tout-à-coup. Le courage, ou plutôt l'espoir du butin, sont dans tous les cœurs. Leurs pieds, impatiens de toucher la terre promise, effleurent à peine la route, et Rhodes les voit sous ses remparts avant même de les avoir entrevus.

Soudain un cri d'alarme se fait entendre d'un bout de la ville à l'autre. Le cri « *aux armes!* » retentit mille fois dans les airs. On prépare la plus vigoureuse résistance. Les compagnons de Zamor ne tremblent pas, mais ils pâlissent. Il s'en aperçoit. « En avant, » s'écrie-t-il, et il s'élance comme le tonnerre sur les portes de la ville. Sa main vigoureuse en saisit une; mille mains y sont portées, et le fer est brisé.

La foudre frappant à coups redoublés les rocs qui prétendent borner la puissance des ondes, est moins terrible que le bras de Zamor quand il est armé de son fatal cimeterre. La défense est inutile ; tout fuit à son aspect ; déjà la flamme embrase quelques palais de Rhodes : une minute encore, et la ville ne pourra plus opposer de résistance. Zamor le voit, il sourit, mais de cet œil sombre et méprisant qu'aurait le chef des démons s'il pouvait obtenir sur l'Eternel quelqu'avantage signalé. Arrête, Zamor, la victoire ne t'appartient pas encore. L'espace que met un éclair à voler d'une extrémité de l'horizon à l'autre, suffit quelquefois pour changer le plus brillant des succès en une honteuse défaite. Insensé ! toi qui fus si long-temps le jouet de l'aveugle fortune, ne devrais-tu pas le savoir ?

Il a souri, et sa main a replacé l'arme redoutable dans son fourreau. « J'en ai fait assez, dit-il : à vous l'honneur du reste. » Et son panache noir, en flottant au-dessus de la foule qui l'environne, embrase ses compagnons et fixe la victoire.

Tout-à-coup un guerrier paraît; plus jeune, moins robuste, mais non moins courageux que Zamor : il veut encore s'opposer à son triomphe. Il a rallié autour de lui une poignée de ces braves qui fixent la mort d'un œil tranquille ; il a vu la défaite des troupes qu'il commande. Il a vu les flammes dévorer jusqu'au palais des Rois; il a saisi son glaive, et il a juré de s'ensevelir sous les décombres embrasés de Rhodes, ou de l'arracher aux mains des barbares.

Il s'approche... Zamor a déposé ses armes... Un lâche pourrait l'assassiner; mais son rival ne l'est pas. « Reprends tes armes, lui crie-t-il, et défends-toi. »

Zamor l'entend... le feu de la colère embrase ses regards... « Encore du sang, murmure-t-il à voix basse, quand donc en aura-t-il assez coulé ? »

Deux lions des forêts de la Numidie, se disputant la proie qui doit appaiser la faim qui les dévore, sont moins terribles que Zamor et son ennemi : sitôt qu'ils ont croisé leurs cimeterres étincelans, des flammes innombrables en jaillissent : c'est en vain que chacun d'eux cherche, par quelque feinte adroite, à pénétrer jusqu'au cœur de son rival; l'acier seul reçoit les coups terribles qu'ils se portent..... Zamor s'étonne.... il trouve, pour la première fois, un ennemi digne de sa colère, et son courage n'en est que plus raffermi... Par un dernier effort digne de lui, il fait refluer dans son bras tout le sang qui circule dans ses veines, et porte à son adversaire un coup qui doit mettre fin à ce combat, qu'il s'indigne de voir durer aussi long-temps.

Zamor triomphe, le cimeterre qui semblait à chaque instant vouloir pénétrer jusqu'à son cœur, est brisé en mille éclats, le tronçon seul reste dans la main de son ennemi.

Désarmé, mais non vaincu, celui-ci fait le serment de ne pas survivre à sa défaite : il s'élance, et dans ce moment précipité, son casque, morcelé pendant le combat, laisse à découvert une chevelure dorée qui flotte au gré des vents et s'étale avec grâce sur ses épaules.

Le bras de Zamor était levé pour frapper..... un charme magique le tient suspendu..... Quelle figure est venu frapper ses regards, et qu'allait-il faire, grands Dieux !..... Il lance au loin l'arme meurtrière. « Est-ce bien toi, Vivalde, s'écrie-t-il ? » Et il tend à son rival cette main encore couverte de son sang, et qui, un instant plus tard, allait le priver du seul être qu'il aimât et qui l'attachât encore à la vie.

Rhodes n'était plus libre : Zamor seul pouvait y donner des lois, et la résistance n'était plus au pouvoir de ses habitans. Aldamir en apporta la nouvelle à son maître à l'instant même où celui-ci pressait avec amertume la main de son ami.

« Faut-il, s'écria douloureusement Vivalde en répondant à la pression de Zamor, que ce soit au moment où je te retrouve, que je voie la ville confiée à ma défense tomber au pouvoir des barbares.

—Tu te plains, lui dit Zamor avec un sourire sardonique, tu te plains... et que dirai-je donc, moi?... Ne te roidis pas contre les arrêts du Destin, et garde-toi de gémir sur les vicissitudes humaines; suis mon exemple, et cesse de t'affecter de ce qu'il n'est pas en ton pouvoir de prévenir.

« Assieds-toi là, continua-t-il en lui montrant un des portiques de marbre du palais de Rhodes, que la violence du feu avait fait écrouler, et songe que tu foules aux pieds les débris d'un palais qui remonte jusqu'au temps de Sésostris.

« Persépolis a caché sous les broussailles les derniers vestiges de ses monumens.

« Memphis a mêlé ses cendres aux terres de la fertile Egypte.

« Babylone a disparu sans laisser aucune trace évidente de son existence, et les Fidèles cherchent en vain les ruines de la cité où repose le tombeau de Jésus - Christ. Penses-tu que Rhodes ait obtenu plus de priviléges que ces capitales célèbres? Son colosse est déjà tombé sous la faux du temps; si le moment d'anéantir cette orgueilleuse cité est arrivé, rien ne peut la soustraire à sa ruine, et les regrets que tu lui prodigues sont vains….. »

Ils gardèrent pendant quelques instans le silence. La multitude des pensées qui se pressaient à l'envi dans leur ame n'eût été que faiblement exprimée par de froides paroles.

« Je te revois donc enfin, reprit Zamor! Depuis le jour funeste où ma retraite devint la proie des flammes, j'ai maudit cent fois le destin qui m'avait ravi la dernière consolation que j'espérais ; mais tu es encore près de moi, et les affreux tourmens qui me déchirent n'osent plus approcher de mon cœur. »

Un serrement de main de Vivalde fut, pour le moment, toute sa réponse ; mais bientôt sa fermeté revint, et sa voix sombre et mélancolique répondit à Zamor :

« Je ne te cacherai pas le plaisir que j'éprouve à voir que la mort t'a respecté. Tu ne sais que trop la puissance que ton regard exerce sur ton faible ami... Mais, continua-t-il en baissant la voix, en te voyant l'habit d'un traître, je ne puis m'empêcher de regretter que la faux du temps ne nous ait pas moissonnés l'un ou l'autre, toi pour t'empêcher de commettre un crime, et moi pour m'empêcher de voir à mon ami un vêtement qui le déshonore.

— Insensé ! reprit Zamor, que font les vêtemens, que font les couleurs, que font ces vaines parures que le sort a rendues différentes chez toutes les nations? N'est-ce pas l'homme, l'homme seul qu'il faut considérer ?.....

— Je ne me suis pas encore élevé, répondit Vivalde avec amertume, à cette force d'ame qui fait mépriser les devoirs les plus sacrés, et je bénis le Ciel qui, en bornant à cet égard ma manière de voir, ne m'a jamais exposé à trahir ma patrie.

« Ta patrie, j'ai tout fait pour elle, je lui ai dévoué mon bras, et elle a demandé ma tête!... que fallait-il faire ?

— Mourir!. ... et ne pas trahir tes sermens.

— Mourir!... je ne crains pas la mort; pourquoi craindrai-je un présent que je fais si souvent aux autres; mais mourir de la mort des criminels..... porter sur l'échafaud une tête encore couverte de lauriers acquis au prix de mon sang... Périr sur un échafaud, et ne laisser après moi qu'un nom déshonoré par une mort infâmante... Dieu lui-même n'oserait l'exiger.

« O! Manfredi, Manfredi, qu'as-tu fait? qu'as-tu fait?

— Mon devoir... Tous les hommes se sont ligués contre moi... J'ai usé du privilége d'une juste défense... Ils ont juré ma mort... Moi j'ai juré la leur; et tant qu'une goutte de sang circulera dans mes veines, je tiendrai mon serment...

— Manfredi.....

— Et toi-même, dont les remontrances viennent ici redoubler ma colère et exciter mon indignation, crains que l'amitié ne soit plus un lien assez fort pour retenir mon bras... Souviens-toi que l'injustice et le malheur ont aigri mon caractère, et n'abuse pas du sentiment involontaire que tu m'as inspiré... Je t'aime, tu le sais : cette amitié est maintenant le seul charme de ma triste existence... Laisse m'en savourer les douceurs, et n'essaye plus à réprimer les sentimens de haine et de vengeance dont mon cœur est dévoré.....

— Est-ce bien là ta dernière résolution ?.....

— Oui... Tiens... vois-tu dans les cieux cet astre qui, de toute éternité, prodigue aux humains sa chaleur et sa lumière?... Il n'est pas au pouvoir des mortels d'arrêter sa marche bienfaisante ; eh bien, je veux qu'il disparaisse de ce globe, que l'univers retombé dans sa primitive obscurité, que tous les élémens rentrent dans le chaos dont ils sont sortis, avant que l'on m'ait vu renoncer...

— N'achève pas, Manfredi ; et puisque telle est ta résolution dernière et inébranlable, permets-moi de te quitter. »

En disant ces paroles, il quitta le siége de marbre, noirci par les flammes, où il était assis, et se disposa à s'éloigner ; mais l'œil de Zamor avait déjà saisi ce mouvement, et sa main serrait fortement celle de son ami avant que celui-ci eût fait quelques pas.

« Où vas-tu ?

— Rejoindre le peu de braves qui

sont échappés à tes satellites, et mourir à leur tête.

— Je te le défends.

— Tu me le défends, reprit Vivalde avec amertume... Je croyais être ton ami, et tu me traites en esclave.

— Oh! pardonne à la violence de mes passions, ménage un cœur ulcéré par l'infortune. Reste, reste, je t'en prie, auprès de Manfredi... Quand l'affreux souvenir des vengeances que je veux exercer viendra me poursuivre, tu seras là comme mon ange tutélaire pour verser un baume consolateur sur mes blessures; tu tâcheras de réparer les maux que je pourrais faire, et le triste Zamor te devra quelques instants de bonheur......

Tu gardes le silence.... Orgueilleux, que faut-il donc pour te séduire, pour t'engager à ne pas abandonner un homme qui t'aime trop pour son repos ? N'est-ce pas assez que Manfredi, la gloire des Napolitains, que Zamor, le fier Zamor, t'en supplie ?...... »

Et ses deux mains serraient celles de son ami. Zamor, le terrible Zamor, n'était plus qu'un enfant... En vain l'ondoiement de son panache noir imprimait la terreur autour de lui, en vain les palais embrasés qui l'environnaient attestaient le courage de ses satellites, et l'étendue de sa puissance, au milieu de cette ville mise à feu et à sang par ses ordres; entouré de mille bras armés, prêts à verser le sang dès qu'un seul regard leur aurait ordonné. Zamor, vaincu par un sentiment qu'il ne pouvait domter, et dont sa grande ame s'indignait pourtant en secret, Zamor priait....

Il priait, et ses yeux, fidèles interprêtes de tous les mouvemens de son ame, avaient perdu cet orgueil, cette force d'expression qui ne les quittaient presque jamais........ Ils avaient pris cette teinte douce, éloquente qui donne tant de force à la prière, et quelquefois est plus puissante que les supplications elles-mêmes.

Charme céleste de l'amitié, comme tu pénètres dans les replis les plus secrets du cœur de l'homme, et comme tu sais l'entraîner souvent malgré les plus fermes résolutions, loin du but qu'il s'était proposé !...... Zamor, malgré l'effervescence de son caractère, malgré sa haine pour les hommes et la violence de ses passions, Zamor priait, et Vivalde lui-même fut obligé de céder à la force de ce sentiment, qui, pour la seconde fois, vint triompher de lui, et le faire renoncer aux desseins qu'il avait conçus.

Pour la seconde fois l'ascendant de Zamor l'emporta, et Vivalde, ébranlé, fut contraint de céder. La voix de Zamor priant avait tant de charmes...... Il est des fibres dans le cœur humain, qui, lorsqu'on sait les toucher, émeuvent l'ame, et la disposent aux impressions les plus douces.

Il serra la main de Zamor en détournant les yeux, honteux d'avoir cédé, et ne pouvant conserver sa fermeté :

« Je te suis, lui dit-il à voix basse, puissé-je ne pas m'en repentir !.... »

Une pression de main de Zamor fut à son tour sa réponse.

Le signal qui devait arrêter le pillage fut à l'instant donné.

« Tu le vois, dit Zamor, voilà déjà le premier effet de ta condescendance. Que de crimes n'épargnes-tu pas dès aujourd'hui !..... »

Vivalde soupira, et suivit lentement son ami, qui désirait, après tant de fatigues, prendre enfin, non quelques instans de sommeil, mais du moins une heure ou deux de repos.

Aldamir, toujours jaloux de plaire à Zamor, avait préservé de la dévastation un des palais de Rhodes, et c'est là que se rendirent et Vivalde et l'Homme au panache noir.

CHAPITRE X.

Encore dix jours de plus.

« *Fugit irreparabile tempus.* »

XVIIIe JOUR.

Je continue le mode que j'ai adopté dans le chapitre précédent ; il est facile à suivre, et distrait plus agréablement le Lecteur. Du reste, je me borne à quelques anecdotes, et je néglige mes propres actions, qui, toutes frappées au même balancier, portent la même empreinte, et n'offrent aucune espèce d'intérêt.

Pauvre B... est aujourd'hui chez nous le mot et l'exclamation à la mode; mais comme vous savez que c'est le ton qui fait la musique, je ne puis vous rendre que bien imparfaitement le charme de cette expression; je vous observerai seulement qu'il faut appuyer bien fort en la prononçant très-lentement, et en grasseyant le plus que l'on peut, sans quoi elle perdrait beaucoup de son mérite.

Comme dans tout on est bien aise de remonter à l'origine des choses, voici d'où vient cette piteuse exclamation.

Le père Guillin était cordonnier au soixante-troisième régiment de ligne; ce père Guillin avait une assez jolie fille. Un nommé Grangier, musicien audit régiment, où il jouait le rôle du serpent, fréquentait assez assidûment la maison dudit père Guillin. La chronique scandaleuse prétend qu'il y allait plutôt pour voir la fille que le papa; mais comme à cet égard on n'a que des données incertaines, il vaut mieux se taire que de mal parler.

Grangier resta quelques jours sans venir chez le père Guillin, et celui-ci, étonné de cette absence inaccoutumée, s'informa, auprès d'une flûte qui se trouvait là, peut être bien aussi pour la demoiselle, des motifs qui empêchaient le serpent de venir le voir.

« Il est malade, répondit la flûte.

— Pauvre B..., répondit le père Guillin avec l'accent le plus dolent.

— Il a la fièvre tierce et la fièvre

…uarte, reprit l'autre interlocuteur.

— Pauvre B..., reprit encore le …ère Guillin en montant une octave …lus haut.

— Il est au lit et ne peut pas …ouger.

— Pauvre B..., et encore une octave plus haut.

— Enfin, reprit le camarade, l'in…irmier désespère de ses jours. »

Oh! à ces mots, le pauvre B... fut …rticulé d'un ton si fort et si dolent, …ue la flûte n'osa plus rien dire, de …eur d'avoir l'ame et le timpan …risés.

Cette anecdote parvint au colo…nel : c'était un bon enfant et un far…:eur que ce colonel-là... Il confisqua …'exclamation à son profit. Il avait justement commandé une paire de bottes au père Guillin, et lesdites bottes n'arrivaient pas. Après avoir attendu assez long-temps, un matin, après l'inspection, il se rendit à la chambre du cordonnier, accompagné de plusieurs officiers.

« Comment !..... ventrebleu !..... père Guillin, et mes bottes ?...

— Hélas ! mon colonel, elles sont commencées ; mais voilà plusieurs jours que je suis si malade, si souffrant, que je ne peux pas travailler.

— Comment, père Guillin, vous êtes malade.

— Hélas ! oui, mon colonel.

— Pauvre B..., s'écria alors le colonel en imitant l'accent et le ton dolent du père Guillin... Pauvre

B..., » Tout le monde partit d'un éclat de rire, à l'exception cependant du malade.

Rien ne se perd au régiment, et l'exclamation fit si bien fortune, que le père Guillin ne fut plus nommé que pauvre B....

L'adjudant Gail.... a apporté cette expression au Corridor Rouge; elle y a eu le même succès qu'au régiment, et je ne serais pas étonné qu'elle passât à présent, de Sainte-Pélagie, dans le monde : on a vu des choses plus extraordinaires que celles-là.

On m'a communiqué également aujourd'hui les détails relatifs à l'évasion qu'avait exécutée, il y a plusieurs mois, le dettier Gustave, ce qui est cause qu'il est maintenant au Corridor Rouge, en manière de punition.

Il commença d'abord par raser les moustaches et les gros favoris qu'il porte ordinairement, et les remplaça par de fausses moustaches et de faux favoris parfaitement semblables, dont il s'était muni adroitement au moyen des nombreuses visites qu'il avait le droit de recevoir dans sa chambre; il se colla lesdits *affutiaux* au visage, ensuite il endossa l'habit noir, la culotte noire et les bas noirs, en un mot le grand costume d'un avocat, fourra la fine cravate de mousseline dans sa poche, et cacha son costume sous un ample garrick, puis, dans cet attirail, il attendit que quelqu'un du dehors, qui était de connivence avec lui, le fît demander au greffe.

Cela ne tarda pas. Une fois qu'il y fut, il ôta son garrick, ses moustaches, mit la cravate et le jabot, et sous cet habillement, grâce à la facilité qu'ont les avocats d'entrer et de circuler assez librement dans la prison, il sortit sans être inquiété, car on le prit pour ce qu'il voulait paraître.

Celui qui l'avait demandé sortit quelques minutes après, emportant le garrick, ce qui ne souffrit aucune difficulté, et tous deux se rejoignant à un endroit désigné, y firent un petit repas d'amis, en se riant du bon tour qu'ils venaient de jouer au concierge de Sainte-Pélagie.

Comme ce dernier est responsable du montant de l'écrou du détenu pour dettes en cas d'évasion, ce petit tour coûta à M. Bault, le frère de celui qui occupe maintenant la direction de la prison, une somme d'un peu plus de mille écus, ce qui, j'en suis sûr, ne l'amusa pas du tout, car dans le fait ces petites choses-là ne sont pas fort agréables.

Ce fut quelques jours après, et grâce à son imprudence, que l'on parvint à ressaisir le détenu évadé, qui se dédommageait à Paris des ennuis de la prison. Voilà le motif pour lequel il est aujourd'hui locataire au Corridor Rouge.

Chat échaudé craint l'eau, dit le proverbe; et comme la surveillance est plus rigoureuse dans ce corridor, et les difficultés pour s'évader beaucoup plus grandes, voilà pourquoi on l'a logé dans *l'endroit de ce quartier-ci*, d'où je ne crois pas qu'il puisse trouver l'occasion de s'échapper une seconde fois... Je suis sûr d'ailleurs qu'on exerce sur lui une surveillance encore plus particulière que sur beaucoup d'autres, surtout sur ceux qui, comme moi, se sont constitués volontairement pour satisfaire à la loi.

Du reste, rien de remarquable dans cette journée; toujours se lever, déjeûner, le jardin, puis le corridor, le piquet ou les dames, le bavardage ou le chant, le dîner, le jardin, encore le corridor, encore la partie de piquet et la bouteille de bière, puis la fermeture; un bout de lecture dans son lit, quand on attrape un mauvais roman, ce qui est assez rare, car l'entrée de ce genre de livres est prohibée à Sainte-Pélagie, et voilà, à quelques nuances près, la vie ennuyeuse et monotone de cette prison, ce qui, je crois, est bien à-peu-près celle de toutes les prisons passées, présentes et futures, où l'on jouit cependant encore d'une espèce de liberté, car il est des prisons bien plus affreuses que celle-ci : Dieu me préserve d'en faire jamais la triste expérience !.....

XIXe JOUR.

On m'a communiqué aujourd'hui

une anecdote concernant le général Espoz-y-Mina, qui joue en ce moment un si grand rôle en Espagne.

Je crois d'abord faire plaisir à mes Lecteurs en leur faisant connaître quelques détails sur l'origine de cette famille des Mina, qui a acquis une si grande réputation dans la guerre ténébreuse que les Guérillas ont faite aux Français lors de l'invasion de leur patrie par les ordres de Napoléon.

Mina, le neveu du général actuel, était simple forgeron dans un village de la Navarre, auprès de Pampelune, en 1810. Par les suites funestes et inséparables de la guerre, sa maison fut brulée, et sa sœur déshonorée presque sous ses yeux. Ces affreuses circonstances lui mirent les armes à la main. Il se réunit à une quarantaine d'insurgés, et commença, avec cette faible troupe, la lutte sanglante qui nous fit tant de mal. Ayant été fait prisonnier en 1811, il fut conduit en France. Son oncle lui succéda, et les bandes de Guérillas prirent peu à peu un tel degré d'accroissement sous les ordres de celui-ci, qu'à la bataille de Vittoria, le 21 juin 1813, il se trouvait à la tête de 40,000 hommes.

Revenons à l'anecdote dont j'ai parlé.

Lors des événemens survenus à l'occasion de l'insurrection des troupes de l'île de Léon, S. M. C. Ferdinand VII fit demander au gouvernement français qu'elle empêchât Mina de rentrer en Espagne, où son nom, illustré dans la guerre contre Napoléon, pouvait fomenter les troubles qui commençaient à s'élever. Pour remplir le vœu du monarque espagnol, on entoura le général d'une nuée d'agens de police qui surveillaient scrupuleusement ses moindres démarches et en rendaient chaque jour un compte circonstancié. On ne se crut pas encore assez sûr de lui par cette mesure, et on trouva le moyen d'introduire dans son intérieur même une jeune et jolie fille, qui rendait également compte des pensées les plus secrètes et des moindres pas de Mina.

Mais à peine cette demoiselle eut-elle pu connaître les qualités privées de celui qu'elle était chargée de surveiller, qu'elle se repentit du rôle qu'on lui faisait jouer ; et, se jetant un jour aux genoux du général, elle lui avoua tout. Tout lui fut pardonné, à condition qu'elle favoriserait sa fuite. Par son conseil, Mina se mit au lit, et feignit une maladie grave. De jour en jour le mal faisait des progrès, et la position du malade empirait, du moins en était-il ainsi sur le journal de la jeune fille. Enfin la mort parut même s'approcher, et au moment où la police croyait que le général touchait à son dernier soupir, tout avait été si bien arrangé, si bien calculé, si bien prévu, que Mina franchissait les Pyrénées.

« Cette anecdote, m'a dit celui qui me l'a racontée, je l'ai lu dans un des numéros de l'Album, de novembre 1822, ou de janvier 1823. Est-elle vraie, est-elle fausse, c'est ce que je ne sais pas... Je vous la donne au prix coûtant. »

Elle m'a paru assez drôle, et je la raconte ici, d'abord parce que l'intérêt général de la France se porte sur l'Espagne, et ensuite pour fournir, s'il y a lieu, un sujet de mélodrame à MM. Pixérécourt, Caigniez, Victor Ducange; ou un sujet d'opéra à MM. Pain et Bouilly; ou un sujet de vaudeville à MM. Scribe et Mélesville; ou un sujet de roman, je ne dirai pas à la volumineuse Mme Hadot, puisque cette dixième Muse est allé rejoindre ses neuf sœurs, mais à l'homme aux éditions, à l'illustre, illustrissime auteur des galimathias-pathético - embrouillaminico - tragiques, intitulés *le Solitaire* et *le Renégat*, sans parler toutefois de la merveilleuse *Ipsiboé*, que je suis en train de lire en ce moment, et dont quatre pages me suffisent tous les soirs pour me procurer un profond sommeil de douze heures.

Avis aux pharmaciens.

XXe JOUR.

J'ai reçu aujourd'hui, après trois jours d'absence et de maladie, la visite de la bien aimée. Cette visite m'a rendu la gaîté. Nulle trace de maladie n'est restée sur son charmant visage, ce dont je me suis assuré de très-près, attendu que j'ai la vue un peu basse, et je l'ai menacée de me mettre dans une colère épouvantable la première fois qu'elle aurait la hardiesse d'être malade sans ma permission. Cette menace l'a effrayée, et elle a promis tout ce que j'ai voulu. Du reste, rien d'extraordinaire, rien de bien piquant; cependant je n'ai pas perdu ma journée puisque mon amie l'a passée avec moi, ni ma soirée, puisque c'est dans la soirée que j'ai recueilli le trait suivant, qui mérite d'être connu.

C'est un de mes compagnons d'infortune qui me l'a communiqué en ces termes.

« Au milieu de ces scènes d'horreur et de carnage dans lesquelles des monstres à face humaine jouaient tour à tour le rôle de juges et d'exécuteurs, mon frère, le chevalier de***, eut le bonheur de rencontrer deux hommes qui, quoique couverts du sang qu'ils avaient répandu de leurs propres mains, étaient cependant encore susceptibles de se laisser aller à un sentiment de pitié....... Jamais je ne saurais penser à eux sans reconnaissance; car mon frère leur doit la vie : voici les détails qu'il m'a racontés.

« Le tribunal établi dans la prison pour le prétendu jugement des détenus, avait livré aux exécuteurs tous ceux qui avaient paru devant lui. Quand le tour de mon frère vint, l'un de ceux qui le conduisaient fut frappé du calme et de la sérénité qu'il montrait. Il le regarda fixement pendant quelques instans, ensuite il lui dit : « Vous avez l'air d'un honnête homme, vous ne seriez pas si tranquille si vous étiez coupable.

« —C'est qu'en effet, je ne suis pas coupable.

« — Et pourquoi donc êtes-vous ici ?

« —Je n'en sais rien : personne n'a pu me le dire, et je suis convaincu que c'est une méprise.

« —Ça est-il sûr ce que vous dites-là?

« — Très-sûr.

« — Eh bien, n'ayez pas peur ; répondez ferme devant le tribunal ; comptez sur moi, entendez-vous ? nous vous en tirerons, aussi vrai que je m'appelle Michel.

« —Je ne crains rien, assurément, mais si vous me servez, vous serez bien récompensés.

« —Ne parlons pas de ça. »

« Le bonheur inespéré de trouver un protecteur parmi des assassins, donna à mon frère le courage de soutenir l'horrible aspect de ses juges. Arrivé à la barre du tribunal, il fut interrogé sur son nom et ses qualités par celui des bourreaux qui présidait en ce moment-là. Il dit qu'il se nommait Bertrand, et qu'il était Malthois.

« Malthois! Malthois! qu'est-ce que ça veut dire, Malthois, s'écrièrent cent voix à la fois.

« — Il veut dire qu'il est de Malthe, répondit le conducteur de mon frère. Malthe est une île, ne savez-vous pas ça, vous autres? Moi j'ai connu beaucoup de gens qui venaient de ce pays-là, et qui s'appelaient Malthois.

« — Ah! ah! c'est une île, s'écria un des juges. Il est donc étranger, ce prisonnier?

« — Eh sans doute, imbécille, il est étranger, qu'est-ce qu'il serait donc?

« — Allons, allons, ne te fâche pas, citoyen.

« — A l'ordre! à l'ordre! président, rappelle à l'ordre, s'écrièrent plusieurs voix.

« — Allons, dépêchons-nous, dit le président. » Et il demanda alors à mon frère de quoi il était accusé.

« Je n'en sais rien ! répondit-il ! personne n'a pu me le dire.

« — Il en a menti ! il en a menti ! s'écria-t on de tous côtés.

« — Silence, Citoyens, silence, dit Michel d'un air d'autorité, laissons parler le prisonnier : s'il ment, son affaire sera bientôt faite ; mais j'espère que vous ne voulez pas le condamner sans l'entendre.

« — Non, non, non, c'est juste, c'est juste, il a raison, Michel, il faut entendre c't'homme. Allons, président.

« — Pourquoi avez-vous été arrêté, reprit le président ?

« —Parce que j'ai eu le malheur de me trouver chez quelqu'un au moment où la garde est venue pour l'arrêter. On m'a pris aussi, avec un commissaire de section, qui se trouvait là par hasard. On nous a conduits à la municipalité. Le commissaire a été relâché. Mes amis ont demandé qu'on me rendît ma liberté : on leur a dit qu'on le ferait incessamment ; et je ne conçois pas que cela ait tant tardé.

« —Mais êtes-vous bien sûr, dit le président, qu'il n'y ait pas eu d'accusation contre vous sur le registre ?

« —Je n'ai point de raison pour croire qu'il y en ait ; mais s'il y en avait, je serais bientôt justifié.

« —Donnez ici le registre, dit le

président. » Le geolier le lui apporta; il vit qu'en effet il n'y avait aucune raison de l'arrestation de mon frère à côté de son nom. Il passa le registre aux autres membres du tribunal pour qu'ils le vissent eux-mêmes, ensuite il déclara que le prisonnier avait dit la vérité.

« Il faut donc que la nation le déclare innocent, s'écria Michel?

« — Oui, oui, répèta-t-on de toutes parts. » Le tribunal prononça alors solennellement au nom de la nation que mon frère était innocent, et ordonna sa mise en liberté. Les cris de *vive la nation* retentirent dans la salle. Michel et un de ses camarades qui paraissait également s'intéresser à mon frère, le prirent chacun par le bras, le conduisirent à la porte extérieure de la prison, à l'endroit où se faisaient les massacres, et le proclamèrent innocent.

« Les exécuteurs étaient rangés en haie des deux côtés de la porte, le bras levé pour frapper les victimes qu'on leur abandonnait. A l'instant où le mot innocent frappa leurs oreilles, ils entourèrent mon frère avec des cris de joie, ils le serrèrent dans leurs bras fumans de carnage, et le pressèrent contre leurs visages souillés de sang. Il fallut se prêter à ces horribles caresses, dont ses deux vigoureux conducteurs eurent bien de la peine à le débarrasser, en répétant qu'il était incommodé, et qu'il avait besoin de repos. Après l'avoir tiré de là, Michel lui demanda s'il avait quelque connaissance en ville, et dans quel endroit il désirait être conduit. Il répondit qu'il avait une belle-sœur chez laquelle il allait; mais qu'il ne voulait pas leur donner la peine de l'accompagner. Il leur témoigna en même-temps sa reconnaissance, et leur offrit une poignée d'assignats, comme un faible retour du service qu'ils lui avaient rendu. Ils refusèrent son offre, et insistèrent pour l'accompagner. « Il faut que nous répondions de vous, dit l'un d'eux; nous ne pouvons pas vous quitter que nous ne vous ayons mis en sûreté. Pour vos assignats, vous pouvez les garder, nous n'en voulons point, le plaisir de vous obliger vaut mieux que tout cela. Nous allons vous mener chez votre belle-sœur ; dans quel quartier demeure-t-elle?

— Rue du Chaume.

— Elle va être bien contente de vous revoir, la pauvre femme !

— Ah ! très-sûrement.

— Vous ne devineriez pas ce que nous disions là tout bas avec mon camarade. Nous disions que si vous vouliez nous permettre d'entrer chez votre belle-sœur, nous aurions bien du plaisir à vous voir heureux et contens tous deux.

— Vous êtes bien bons, mes amis ; il est tard... vous devez avoir besoin de repos l'un et l'autre.

— Oh! que non, citoyen : ce plaisir-là nous reposera mieux que tout autre chose...

— Je serais bien aise de faire ce que vous désirez ; mais il faut vous dire que ma belle-sœur est si timide et si délicate, qu'elle serait effrayée en voyant arriver des étrangers à cette heure de la nuit. D'ailleurs, tenez, la vue de ce sang qui est sur vos habits lui ferait du mal, et vous en seriez fâchés.

— Assurément, que nous en serions fâchés ! mais quand vous lui direz que c'est nous qui vous avons sauvé la vie, elle sera bien aise de nous voir. Soyez sûr que nous ne lui ferons pas peur. Allons, il faut que vous nous donniez cette satisfaction ; ça ne vous coûtera pas tant que ce que vous vouliez nous donner, et ça nous fera dix fois plus de plaisir. »

Mon frère fut obligé de céder. Ils l'accompagnèrent chez mon beau-père, où ma femme et mes enfans s'étaient réfugiés depuis le 10 août. Ils avaient cru mon frère perdu, et leurs transports en le voyant furent d'autant plus vifs.

Mon frère prépara sa belle-sœur à la visite qu'elle allait recevoir. Elle s'y prêta sans répugnance ; son cœur était trop plein de reconnaissance et de joie pour être accessible à aucun autre sentiment. Elle sut ne voir dans ces hommes souillés de sang, que les libérateurs de mon frère, et elle les reçut comme des bienfaiteurs. Ils furent extrêmement touchés de cet accueil et des larmes de joie que toute la famille répandait en embrassant mon frère.

Ils considérèrent ce spectacle en silence pendant quelques momens, ensuite Michel s'écria : « C'est pourtant nous qui avons sauvé cet honnête homme. » Et au même instant l'émotion de tous deux se trahit par des larmes : sans doute la cause de ces larmes était aussi dans leurs remords; car en éprouvant ce retour aux sentimens d'humanité, ces hommes, peut-être naturellement bons, mais pervertis par le fanatisme, et entraînés par l'exemple, durent réfléchir avec amertume et avec horreur aux scènes de sang auxquelles ils venaient de prendre part.

Ils eurent la discrétion de ne rester qu'un quart d'heure ; et en prenant congé de mon frère, ils le remercièrent à plusieurs reprises du plaisir qu'il leur avait procuré.

XXI, XXII et XXIIIe jour.

Pas grand chose de nouveau, en fait d'anecdotes, pendant l'espace de ces trois jours, si ce n'est qu'ils ont été superbes, et c'était précisément les trois jours que l'on consacre à Paris aux promenades de Long-Champ. Nous y avons pensé, et je vous proteste que nous n'en avons pas été beaucoup plus gais pour cela. Tout ce que nous avons appris de relatif à cette promenade, dont les habitans de Paris se sont faits une habitude indispensable, c'est que les paniers à la salade, autrement dits les chapeaux de paille, ne seront pas à la mode cette année, car on n'en a pas, dit-on, beaucoup aperçu dans le nombre des jeunes gens qui viennent ce jour-là aux Champs Elysées ou au bois de Boulogne, se déclarer les législateurs suprêmes, relativement aux pans des culottes et des habits, ainsi qu'à la forme et à la matière des gilets et des chapeaux.

Cette nouvelle de la plus haute importance, comme tout le monde sera forcé d'en convenir, nous a été transmise par l'illustrissime Lenfant, qui joint à l'emploi éminent de restaurateur de Sainte-Pélagie, celui plus éminent encore de nouvelliste en chef de la susdite maison. Dans tous les cas possibles, il faut convenir que c'est un malheur bien grand pour la société en général, que la défaveur des chapeaux de paille. Du moins Lenfant le pensait-il ainsi; car il avait un air si pénétré en nous transmettant cette effrayante nouvelle.... Ah! peut-être avait-il fait les dépenses énormes que nécessite l'achat d'un semblable chapeau. Si tel est, comme je le présume, le motif de ses chagrins occultes, taisons-nous, respectons son malheur, et surtout gardons-nous d'en rire.... si nous pouvons.

Quelque chose d'assez drôle, qui est également arrivé dans... je ne sais plus lequel de ces trois jours ; c'est la recommandation faite par le concierge au barbier de Sainte-Pélagie, de couper toutes les moustaches des prisonniers. Cet ordre émane directement de M. le Préfet de police, qui ne veut pas *qu'une prison ait l'air d'une caserne.* Cette raison est assez juste, et je ne désapprouve pas cette mesure à l'égard des personnages civils ; mais je la trouve un peu dure pour les militaires qui partagent notre détention... Tout le monde cependant s'y est soumis, non sans quelques petites réflexions. Les adjudans Rob.... et Gail... qui se rasent eux-mêmes, ont eu de la peine à s'y décider, mais comme l'ordre portait, que le salon serait fermé à quiconque conserverait lesdites moustaches, ils en ont fait le sacrifice, en s'écriant :

La raison du plus fort fut toujours la meilleure.

Cette *coupaison* de moustaches m'a mis de mauvaise humeur, attendu que j'avais pris, dès mon entrée à Sainte-Pélagie, la résolution de les laisser croître, tout simplement afin d'avoir plus tôt terminé ma barbe, quand il faudrait la faire. Ceci sent un peu le paresseux, j'en conviens ; mais enfin, que voulez-vous, je suis bâti comme cela, c'est un petit malheur.

A tous péchés miséricorde.

Dans cette disposition à l'humeur, et pour en détourner l'essor, je me mis à composer une épitre à ma prison, dont je vais vous donner connaissance, attendu que je vous avouerai franchement que je ne l'ai faite, que dans l'intention de la soumettre à votre jugement, et surtout à votre indulgence.

La voici :

MA PRISON.

Tristes lieux où coule ma vie,
Sans plaisir, sans douleur, où, du matin au soir,
Mon œil ne peut apercevoir,
Malgré mes vœux et mon envie,
Les traits charmans de mon amie....
Je devrais vous haïr...... mais la haine jamais
Ni le désir de la vengeance,
Sans plus graves motifs, n'ont pu prendre naissance

A SAINTE-PÉLAGIE.

Dans le cœur d'un Français ;
Et loin de vous maudire, au contraire ma plume
 En vers bien longs et bien ronflans,
 Grâce au feu qui pour vous s'allume
 Dans mon esprit et dans mes sens,
 Prétend écrire un gros volume
 Sur vos gentils amusemens.

Qu'on est bien en prison ! Je pourrais sur ce texte,
 Sans préambule et sans prétexte,
 En prenant un ton bien altier,
 Bâtir un roman tout entier.
Mais je suis véridique, et ne veux pas qu'on dise
 Que, par faiblesse ou par sottise,
 D'un séjour de captivité
 Ma plume ait fait un séjour enchanté !
Enchanté ! ce n'est pas un mot qui lui convienne.
 Quand les zéphirs de leur haleine
 Caressant les nouvelles fleurs,
 Répandent déjà dans la plaine
 Un torrent de douces odeurs,
 Nous n'aspirons, dans la retraite
 Où l'arrêt du destin nous jette,
 Que ces tristes exhalaisons

Dont les vapeurs pestilentielles
Empoisonnant ces tristes lieux,
Par leurs miasmes dangereux,
Flétriraient jusqu'aux immortelles.

Hélas! où sont les jours où j'allais du soleil
Épier dans les champs, le superbe réveil,
Tantôt sur le penchant d'une verte colline,
J'attendais cet heureux instant;
Tantôt de ma Lisa, la voix douce et badine,
Venait remplir mon cœur d'une flamme divine;
Je devenais entreprenant;
Pour faire glisser mon amie,
J'invoquais ce fripon d'Amour:
Il venait parler à son tour;
Et sa voix touchante et jolie,
Avec un petit doigt de cour,
En badinant, sur la fougère,
Savait faire cheoir ma bergère
Sur un lit où le dieu du jour
Nous retrouvait à son retour......

Mais chassons loin de moi tant douce souvenance,
Je suis dans la captivité!
Maintenant la pauvre Espérance
A mes barreaux voit son vol arrêté;

A SAINTE-PÉLAGIE.

Et d'un triste geolier, la fatale présence,
Détourne loin de moi les pas de la beauté....
Mais quand à la tristesse, abandonnant mon ame,
　Je pleurerai comme une femme,
Que m'en reviendra-t-il? quelques peines de plus,
　　Des regrets,.... toujours superflus,
　　Moins d'égards, peut-être du blâme.
　　J'aurais tort. Secouons un peu
　　Le fardeau pesant qui m'oppresse :
　　　　Un homme peut,
　　　　Quand il le veut,
Endormir ses douleurs, et cacher sa faiblesse.

　　Reprenons donc un ton badin,
　　Disons du bien de notre asile ;
　　Et si quelque censeur malin
　　Dit que la vérité s'exile
　　Des traits échappés sous ma main
　　A ma plume assez inhabile,
　　Nous répondrons à ce lourdaud,
　　Afin d'abaisser sa jactance,
　　Que le prisme de l'Espérance,
　　Se glissant derrière un barreau,
　　A tout charmé par sa présence,
　　Et nous a fait voir tout en beau.

Pour procéder, ayons de la méthode
    Le sommeil fort honnêtement,
    Pendant dix heures seulement,
    En dépit des lois et du code,
    Me procure un sommeil charmant.
L'aimable dieu qui nous donne les songes,
    Pour adoucir un peu mes maux,
    M'a, tout le temps de mon repos,
    Envoyé d'amoureux mensonges.
    Il est six heures du matin;
    Dans mes bras je tiens mon amie:
Elle est aimante autant qu'elle est jolie,
    Et je bénis l'heureux destin
Qui satisfait enfin ma douce envie.
    Mais soudain quel vacarme affreux
Retentit dans les airs.... quelle cloche ennemie,
    Par son fracas peu généreux
Vient me rendre aux douleurs qu'en sommeillant j'oublie?
    Rêves heureux, tendres baisers,
    Il faut donc vous reperdre encore
    Comme ces nuages légers
Qu'un souffle des zéphirs dissipe avant l'aurore.

A SAINTE-PÉLAGIE.

Le sommeil qui planait sur le sombre réduit
   Où j'éprouvais des voluptés nouvelles,
     Loin de ces tristes lieux s'enfuit,
     Et vous emporte sur ses ailes.

Et qu'annonce ce bruit à mes vœux si fatal ?
     Hélas ! il annonce.... *la soupe !*
    Des prisonniers, la gastronome troupe
     Se dépêche, et tant bien que mal,
     D'un bouillon assez peu loyal,
Pour savourer le repas très-frugal,
    En se heurtant, se forme en groupe.
    J'arrive, l'écuelle en main.....
     Mais surtout n'allez pas sourire,
     Si l'anse de ma tire-lire
     Décampait pendant le chemin ;
Elle a déjà reçu plus d'un choc sans mot dire,
   Et maint échec sur son bord incrusté,
Fait connaître au railleur qui voudrait en médire,
     Son honorable vétusté.

Telle qu'elle est enfin, auprès du gâte-sauce,
     Pour recevoir son contingent,
     Avec grâce ma main la tend ;
   Mais le forban qui se baisse et se hausse,
     Sans nul propos, en nous servant,
     Au pavé, généreusement

Fait le petit cadeau du nectar succulent
Sur lequel je comptais pour repléter le vide
    De mon estomac trop avide....
    Il faut donc croquer le marmot
    Jusqu'à la prochaine pitance,
    Ou si je veux remplir ma panse,
    Il faut fouiller au boursicot.
Le ventre parle, il n'est plus rien qui tienne,
    Bon ou mauvais, il lui faut un repas,
    Et pour le tenir en haleine,
    Je le remplis d'un ample cervelas
      Qu'au bout de deux petites heures
      Les guichetiers de ces demeures
      M'ont complaisamment apporté.
      Charmé de leur vivacité,
      Afin de boire à leur santé,
      D'une eau plus froide que la glace
      Je remplis un verre ébréché,
Et le vide d'un trait, sans faire la grimace.

    Par cette boisson alléché,
Si quelqu'un se sentait tenté d'être à ma place,
    Il peut venir en toute sûreté,
    Il n'est d'honneurs qu'ici je ne lui fasse,

Et je prétends, dans mon salon frotté,
   En l'installant avec délice,
   Lui céder la propriété
De tous les instrumens qui sont à mon service.
   Mais nul de ma captivité
De plein gré ne voudrait endurer le supplice,
   Pour me rendre à la liberté;
   Et ce que j'ai de mieux à faire,
   C'est de ressaisir mes pinceaux,
   Et, dans mes grotesques tableaux,
D'aller porter jusqu'à l'autre hémisphère,
  Sur l'aile du Zéphir ou celle des oiseaux,
   Le joyeux récit de mes maux.

Pour calmer *mons Gaster*, qui fait toujours la lippe,
  Heureusement qu'il me reste ma pipe :
  De pipe encor n'a-t-elle que le nom,
   Car dans cette sainte maison
  Rien n'est entier, et ma pipe égueulée,
   De tous côtés noire et brûlée,
Sans compter le tuyau qui n'est pas assez long,
Compte plus d'une brèche à l'entour du cordon.
N'importe, la voilà; des jours que je regrette
  C'est le seul bien qui ne m'ait pas quitté :
Elle était belle alors, sa surface bien nette

Et brillante de propreté,
Montrait un cercle noir, noblement culotté.
   Aujourd'hui sa splendeur passée
   M'offre l'image de mon sort;
Ainsi que son éclat, ma gloire est éclipsée,
   Et de notre superbe essor
   Je dois hélas! bannir de ma pensée
   Le souvenir qui doublerait encor
   Les noirs ennuis de mon ame oppressée.

   Qu'est devenu ton air faquin?
Des temps qui ne sont plus, image encor vivante,
   Toi qui seule me fut constante,
   Bourre-toi du tabac mesquin
   Qu'en ces beaux lieux on nous présente.
Jadis quand je sablais kirch-wass ou marasquin,
   Dans ta rotondité charmante,
   Je faufilais du Macouba,
   De la Havane ou du Cuba;
Mais à présent de la feuille gluante
   De je ne sais trop quelle plante,
   Il faut hélas te contenter,
   De même que je me contente
   Des alimens qu'on me vient apporter.

A SAINTE-PÉLAGIE.

Fumons donc... oui, fumons; et la pipe allumée,
  En nous empestant de fumée,
Gravement de la cour, en nous croisant les bras,
  Comptons encor les quatre-vingt-dix pas.

  Hélas! c'est toujours même chose,
Toujours mêmes pavés, toujours même ruisseau;
Encor si quelque fleur, nouvellement éclose,
  Bien ou mal, offrait du nouveau;
 Mais non, toujours, c'est toujours de la pierre
  Des portes et d'affreux verroux :
  Voilà ce que l'on voit chez nous.....
 A cette cour, sur ma foi, je préfère
  L'humble réduit où le Destin jaloux,
  Me force à fermer la paupière.
Dans ce réduit au moins, mon ame en liberté
Peut rêver les beaux jours, et, si ce n'est qu'un rêve,
Il charme les ennuis de ma captivité,
Et j'attends en rêvant, que mon exil s'achève.

Sur mon lit exigu, me voilà donc planté!
Qu'il est joli ce lit! il faut qu'ici j'en fasse,
  Sans pompe et surtout sans éclats,
  Un détail qui vous satisfasse.

D'abord on a huché sur la maigre paillasse,
    Que supportent quatre échalas,
    Un magnifique matelas
    Qui tient une bien faible *place*
Et que recouvre une paire de draps,
    D'une économique structure;
Arrive alors la fine couverture
    De laquelle, hélas! les souris
    Élargissent toutes les nuits,
Sans le moindre respect, mainte et mainte ouverture
    Pour compléter cet aimable coucher,
    Un oreiller d'assez mince encolure,
    Vous fait soupçonner, au toucher,
Que sa plume, déjà trop dure,
Se marie à du crin, que trahit, çà et là
Plus d'un perfide trou que le temps y plaça.

Tel qu'il est, ce châlit, hélas! de mon asile
    Est le meuble le plus utile;
M'y voici regrimpé: pour quelque temps du moins,
    Exempt d'ennuis et de besoins,
    Je pourrai dans mon insomnie,
    Y rêver à ma douce amie.

    Déjà dans nos rians vallons
    On voit reparaître Zéphire,
    Et Flore arrache aux Aquilons
    Tous les trésors de son empire.

A SAINTE-PÉLAGIE.

A peine du gent rossignol
Ma Lise entend l'harmonieux bémol,
Que passant à la hâte une robe légère,
Elle va des guérets effleurer la fougère;
Et moi, plongé dans une sombre nuit,
Jamais la rose printannière
Ne vient parfumer mon réduit.

Et pense-t-elle à moi, quand mon cœur la regrette,
Quand dans l'asile où je végète
Son image chérie apparaît nuit et jour?
Quand le doux souvenir du plus ardent amour
Vient seul embellir ma retraite?
Y pense-t-elle? ah! ce doute est affreux!....
Tous les sermens qu'elle adressait aux cieux,
Devraient me rassurer; mais tant qu'un jour prospère
Brille pour vous, on aime à vous flatter.
Quand la fortune est passagère,
L'amitié parfois est chimère;
Et lorsqu'on est dans la misère,
Chacun cherche à vous éviter!.....

Afin d'enchaîner le Zéphire,
Quand ses cheveux se jouaient sur son cou,
L'amour fixé sous son empire,
La suivait en tous lieux, et de ce petit fou

Le prisme heureux flottait sur sa parure.
  Elle doit tout à la nature,
Jamais par l'art rien ne lui fut prêté.
Que de fois un ruisseau sous l'humide verdure
  Roulant son cristal argenté,
  Imprima sur son onde pure
  Et ses grâces et sa beauté;
Et sut en reflétant sa charmante figure,
  Doubler encor ma volupté!....

Mais ces temps ne sont plus, essayons si ma lyre
  Sous mes doigts rendra quelques sons,
  Voyons si je pourrai redire
  Quelques-unes de mes chansons.....
  Par ces chansons, sur la fougère,
  Jadis, d'une tendre bergère
Je savais adoucir l'humeur et la fierté.
  Mes accords, jadis, savaient plaire,
  Et ma musette en liberté
Arracha bien des fois un sourire à ma mère.
  Ce bonheur n'est plus fait pour moi,
  Et les échos de ma retraite
Répétant tristement ma triste chansonnette,
  De me taire me font la loi.

A SAINTE-PÉLAGIE.

Trop heureux Béranger, toi, dont le beau délire
 Charmait les Français attendris,
 Toi qu'en Europe l'on admire,
 Et que l'on vénère à Paris,
A tes barreaux tu suspendis ta lyre,
 Et d'Éole, les doux enfans,
En se jouant sur les cordes légères,
Ont jusques dans les Cieux reporté tes accens.

De tels honneurs sont loin d'être ordinaires,
 Et moi, trop faible chansonnier,
 Si j'osais, dans son vol altier
 Suivre le chantre de la gloire,
Loin d'arriver au temple de Mémoire,
J'irais, par une chute, effrayer les auteurs
 Qui prétendent tromper l'histoire
 En dérobant aux Muses leurs faveurs.

 Laissons donc là ma pauvre verve,
 Ne rimons point en dépit de Minerve;
 D'ailleurs une chanson nouvelle
Ne pourrait exprimer tout ce que j'ai senti;
 Car, on le sait, la voix de Philomèle,
 Dans les prisons, jamais n'a retenti,

Prenons autre sujet, et d'un pinceau gothique,
　　Du mobilier de mon appartement
　　　　Retraçons le détail comique,
Et de ce mobilier, si riche, si brillant,
　　N'oublions rien qui soit un peu saillant.

J'ai déjà de mon lit esquissé la peinture,
　　Vous connaissez les draps, la couverture,
　　　　La paillasse et le matelas ;
　　De ces objets je ne parlerai pas ;
Mais grimpez avec moi sur cette haute planche,
　　　　Qui d'armoire me sert ici,
　　　　Vous y trouverez, Dieu merci,
« Un couteau tout honteux d'avoir perdu son manche.
« Au hasard, près de lui, l'un sur l'autre entassés,
« Ou montrant tout ouverts leurs feuillets engraissés
« Des livres excellens pleurant leur couverture,
« A mes sobres repas mêlent leur nourriture ;
« C'est Racine en lambeaux, les trois quarts d'un Régnier
« Déroulé des cornets qu'en fit un épicier;
« C'est Perrault le conteur, où ce qui manque aux pages
« Appelle à son secours ce qui reste aux images.
　　　« Enfin, il n'en est qu'un d'entier,
　　　« C'est des vers le gâte métier

« Qui veut que la raison s'accorde avec la rime.
« Blâme tout froid bon mot, comme le plus grand crime,
« Et prodiguant les fers dans le sacré vallon,
« Fait autant de forçats, des sujets d'Apollon...

« Près de mon lit, tout bonnement par terre,
  « Est une cassette légère :
« Sans balancer je vous l'ouvrirais bien,
« Mais à quoi bon, il n'y reste plus rien,
  « Pas même une simple charnière...
« Un pot à l'eau tronqué, deux assiettes d'étain,
« Un torchon qui trahit la moitié d'un gros pain :
« Voyez dans tous les coins, cette toile perfide
« Qu'à l'insecte étourdi tend un insecte avide.
« Voyez... mais comment voir, sur chaque étroit carreau
« La poussière en grains noirs, vient tirer le rideau.
   Plus loin.........

J'en suis excessivement fâché pour vous, mon cher Lecteur, mais le fait est que je n'eus pas le courage d'achever cette pièce de vers... Quel malheur pour la postérité.

Comme il faut rendre à César ce

qui appartient à César, je vous avouerai franchement que dans le cours de l'épître, l'élégie, la messennienne, comme il vous plaira de l'appeler, que je viens de vous soumettre, il est des vers qui ne sont pas de moi; je les ai guillemétés pour montrer ma franchise et ma bonne foi : ce sont tout simplement des réminiscences; mais, par exemple, je ne vous dirai pas d'où elles viennent, ni à qui elles appartiennent, attendu que si je l'ai su jadis, cette connaissance est totalement sortie de ma mémoire.

C'est malheureux, j'en conviens, mais qu'y voulez-vous faire...

XXIVᵉ JOUR.

Des détails d'évasion, c'est à peu près le plus fort de ce que l'on apprend à Sainte-Pélagie. On m'a raconté aujourd'hui celle du capitaine Lamothe, également impliqué dans la conspiration du 20 août 1820.

Le colonel Maziau, ramené de la Belgique en France, était en accusation à la chambre des Pairs, et plusieurs fois le capitaine Lamothe avait été extrait de Sainte-Pélagie et conduit au Luxembourg, pour figurer devant cette haute cour, en qualité de témoin...

Dans ces occasions, il montait en fiacre avec un huissier, et deux gendarmes pour le surveiller. Après avoir bien tout examiné, il tira ses plans, fit faire ses malles, par ses amis du dehors, se fit préparer des chevaux et un passeport sous un faux nom. Tout en un mot fut disposé pour qu'il pût rapidement quitter la France...

C'était la veille du jugement du colonel, et par conséquent la dernière fois que Lamothe allait déposer au Luxembourg. Il le savait, et avait pris ses mesures en conséquence; il s'était mis en habit noir, en escarpins, et vêtu fort légèrement, quoiqu'il ne fît pas très-chaud.

La voiture repart du Luxembourg; la séance avait duré tard... Lamothe l'avait-il prévu, le hasard le favorisat-il, c'est ce que l'on ignore; mais le fait est qu'il était près de six heures quand la voiture arriva devant Ste-Pélagie. On était en décembre, et à six heures, comme l'on sait, la nuit est obscure. La voiture s'arrête, un homme frappe à la porte : « C'est *Lenfant*, le Beauvilliers de Sainte-Pélagie, dit Lamothe en riant. Voulez-vous me permettre de lui commander mon dîner? » Il ouvre la portière : « Lenfant, dit-il, tu m'apporteras mon dîner de suite... » Et en disant ces mots, il s'élance hors de la voiture, rejette la portière au nez de ses gardiens, et se sauve à toutes jambes : dix minutes après, dit-on, il était à cheval.

Les gendarmes, étourdis de l'événement sautent à bas de la voiture :

l'un descend la rue de la Clé, l'autre la remonte en courant, tout autant que pouvaient leur permettre les bottes fortes qu'ils portaient, ainsi que l'avait fort bien remarqué le capitaine.

L'huissier, plus légèrement vêtu, avait dépassé le gendarme qui remontait la rue de la Clé, et s'arrêta à la rue Copeau, ne sachant s'il fallait tourner à droite ou à gauche. Le gendarme qu'il laissait derrière, essayant de courir le plus vite qu'il pouvait, rencontre une femme.

« Madame, lui dit-il, n'auriez-vous pas vu passer un homme en habit noir?... Oui, Monsieur, lui répond-elle, à l'instant même. Le gendarme redouble de vitesse, aperçoit l'habit noir, le rattrape, le saisit au collet, et, sans vouloir l'écouter, le ramène en triomphe à Sainte-Pélagie... C'était l'huissier...

Lamothe était déjà loin; quarante huit heures après, dit-on encore, il n'était plus en France.

J'ai été témoin aujourd'hui d'une scène qui m'a fait plaisir. Le pauvre Isidore, dont j'ai parlé comme habitant la chambre n° 4, a reçu ses lettres de grâce; il avait encore 4 ans à faire; à cette nouvelle, il est devenu pâle comme la mort; mais les émotions de la joie sont rarement dangereuses; il n'a pas tardé à se remettre. Nous l'avons tous embrassé avec le plus vif sentiment de plaisir;

car il était aimé et estimé de tous ses camarades...

Quel beau, quel noble droit que celui de faire grâce; comme il fait aimer le monarque qui use de cette brillante prérogative. Souverains, usez-en souvent, c'est le plus bel apanage de la royauté, et c'est spécialement en cela que les Rois sont véritablement les représentans de l'Eternel sur la terre.... faire des heureux, pardonner à l'erreur, est-il de plus nobles attributs, et combien est fortuné celui qui possède cette douce faculté, et qui sait en faire usage !...

XXVe JOUR.

Aujourd'hui dimanche, et le dernier dimanche, par la grâce de Dieu, que je doive passer dans cet asile.

Avant de le quitter, je veux profiter de la messe qui s'y dit tous les jours *fériés*, pour voir l'église, et entendre prêcher celui qui est appelé à s'efforcer de changer en bien les inclinations vicieuses de la majeure partie de gens détenus à Sainte-Pélagie.

Je ne suis pas irréligieux, je ne pousse pas la dévotion à l'extrême; mais j'avoue franchement que j'ai besoin de jouir du plus grand calme, de me trouver dans une entière solitude pour élever mes vœux jusqu'au pied du trône de l'Eternel. Dans ma chambre, je suis tout à moi, tout à la prière, rien ne me trouble, rien ne me dérange, et rien de mondain ne se mêle à mon hommage; il n'en est pas toujours de même, du moins pour moi, dans l'asile consacré aux louanges du Très-Haut : on s'y trouve exposé à des distractions terrestres peu favorables à la ferveur; le culte que l'on y rend au Dieu de tous les êtres n'est pas toujours essentiellement pur, et il s'y mêle malheureusement quelquefois des pensées ou des images qui ne sont pas à la hauteur de celui qu'on vient pour y adorer.

Pardon de ma profession de foi : elle est franche, et je ne crois pas que l'on puisse blâmer les motifs qui m'animent.

J'ai suivi mes compagnons d'infortune à l'église, et j'ai pris place dans l'enceinte réservée aux habitans de notre Corridor.

Cette église a totalement trompé mon attente : elle n'a pas du tout la majesté imposante que j'espérais y rencontrer. Le chœur, réservé pour le prêtre et les desservans de l'office divin, est assez bien; mais les prisonniers n'y sont pas admis : ils ne voyent ce chœur qu'à travers des barreaux en bois; et entendre la messe à travers des barreaux, ne me paraît pas très-propre à édifier. Rien d'ailleurs, dans les espaces réservées aux prisonniers, n'annonce la solennité du lieu qui les renferme; un Christ le fait tout au plus soupçonner. Que résulte-t-il de cela? Que l'on oublie de temps à autre le lieu dans lequel on doit se croire, et que rien ne représente à vos yeux ; les conversations particulières, à voix basse, il est vrai, mais qui n'en sont pas moins des conversations profanes, s'établissent, et le silence religieux qui doit s'observer dans les églises, n'existe plus.

Je croyais entendre prêcher, j'ai été trompé dans mon attente ; il n'y a pas eu de sermon ; je n'ai retiré de ma présence à la messe aucun fruit. Le chuchotage qui régnait autour de moi empêche le recueillement..... Toute réflexion faite, je prie encore mieux l'Éternel, et d'une manière plus digne de lui, avec plus de ferveur et d'attention, quand je suis dans ma chambre.

XXVI˚ JOUR.

Ses occupations avaient jusqu'ici empêché mon père de me venir voir, cependant il n'a pas voulu me laisser passer le mois sans me rendre sa petite visite, et je l'ai reçue aujourd'hui avec le plus grand plaisir.

Sais-tu, m'a-t-il dit en entrant, que ton domicile n'est pas fort gai?

Certes, ce n'est pas *un Tivoli*, lui répondis-je, que l'on m'a donné là pour prison; mais à ça près des barreaux et de la liberté, je me souviens d'avoir occupé jadis un logement encore moins agréable que celui-là.

Pas possible, reprit-il en riant! Ton *pas possible* me semble un peu méchant... Mais te rappelles-tu qu'il y a dix à douze ans, je demeurais dans la superbe rue Saint-Pierre aux Bœufs, et......

— Oui.

Eh bien! fais-moi le plaisir d'écouter les vers que je consacrai à la description de mon domicile, et tu verras si j'exagère, en disant que mon local d'aujourd'hui est encore plus habitable, que mon local d'autrefois.

Et sur le coup, je me mis à lire à mon père une espèce d'épître, dans le secret de laquelle je ne mettrai pas mes lecteurs, par la raison fort simple qu'elle m'est absolument nécessaire pour placer dans un autre endroit; et puis du reste, je leur certifie que je ne crois pas qu'ils perdent grand'chose à cette omission à laquelle je me vois forcé.

Ah ça, dit alors Henri, qui, pendant que nous *poëtisions*, s'était occupé du soin de souffler le feu, j'ai l'honneur de vous prévenir que voici les côtelettes qui sont cuites, le vieux vin de Saint-Georges qui ne demande qu'à être décoiffé; *ergo*, si vous m'en croyez, nous allons nous mettre à table.

A table! nous écrions-nous d'un accord unanime et spontané, et le déjeûner commence.

Il n'est rien de tel pour faire disparaître des barreaux, de telle épaisseur qu'ils soient, comme un vieux vin dont on se permet quelques rasades successives : nous ne tardâmes pas à l'éprouver. Une gaîté passablement bruyante vint s'emparer de nous, et nous fîmes bientôt ronfler les couplets d'une solide manière.

« Les cinq fleurs et le prince Eugène ! les cinq fleurs et le prince Eugène ! s'écrient nos joyeux convives.

— Mes amis, veuillez m'excuser, mais il m'est impossible de satisfaire à votre première demande. Depuis qu'un certain M. B.... s'est chargé, sans mon autorisation, *d'arranger* ma chanson des Cinq fleurs, et de la faire jouer sur les *orgues de Barbarie*, elle est tellement estropiée et défigurée, que je ne puis m'en avouer le père. Je réponds bien que je ne confierai jamais audit M. B.... l'ornement de mon parterre : le profane a été assez mauvais jardinier pour transplanter mes fleurs dans un terrain tellement aride, qu'il les a détruites plus promptement que ne l'eussent fait les ouragans les plus dévastateurs. Quant à la chanson du prince Eugène, à la bonne heure : elle est intacte, et j'ai toujours éprouvé du plaisir à la chanter.

LE PRINCE EUGÈNE.

Air *du Pot de Fleurs.*

L'aurore à la moitié du monde
Lançait à peine un faible demi-jour,
Quand le dieu Mars en commençant sa ronde
Vint me crier : « Ne dors plus, troubadour,

« Toi qui jadis dans les bois, dans la plaine,
« Fis retentir un doux et noble chant,
« Reprends ta harpe et tresse sur le champ
  « Une couronne au *Prince Eugène*.

« Il fut jadis un *Prince Eugène*,
« Votre ennemi, quoiqu'il naquit Français :
« Ce fut, dit-on, un vaillant capitaine,
« Qui sur la France obtint plus d'un succès.
« On ne voit plus aux bords de l'Hippocrène
« En son honneur briller ce nom si beau ;
« Et c'est encore un triomphe nouveau
  « Que vous devez au *Prince Eugène*.

« Enfant chéri de la Victoire,
« Voilà le nom qu'on donne à Beauharnais :
« Ce nom-là seul suffirait à sa gloire :
« Ces titres-là ne périssent jamais.
« Quand au sommet de sa roche hautaine
« Le Capitole a vu vos étendards,
« Rome se crut au temps de ses Césars
  « En revoyant le *Prince Eugène*.

« Ce héros toujours noble et calme
« Devant la mort jamais ne s'inclina ;
« Vous avez vu sa plus brillante palme
« Fleurir aux bords de la Bérésina ;

« Et lorsqu'enfin la victoire incertaine,
« Avec vos preux cessa d'être d'accord,
« Même en fuyant, laissa tomber encor
  « Un laurier pour le *Prince Eugène*.

  « Las de guerre et de funérailles,
« Ce fils de Mars dans sa paisible cour,
« Laissant rouiller le glaive des batailles,
« Ne cueille plus que des mirthes d'amour.
« Dans cet asile où le devoir l'enchaîne,
« Il fait du bien à ses vieux grenadiers,
« Et chaque soir, sur un lit de lauriers,
  « Vénus endort le *Prince Eugène*.

  « Grâce aux chants de vos jeunes bardes,
« Tous vos guerriers sont inscrits dans les cieux,
« Et cependant vos muses babillardes
« N'ont point chanté la fleur des demi-dieux :
« Pour le venger des oublis, de la haîne,
« Prends ce brevet de l'immortalité !
« Il est signé par la postérité,
  « Et Mars le donne au *Prince Eugène*. »

CHAPITRE XI.

La veille du départ.

Partons, dit-il, partons, fuyons de ce séjour,
Partons, accompagné des jeux et de l'Amour.

(*Chanson.*)

C'est donc aujourd'hui la bien-heureuse veille du bienheureux départ... Que cette journée est belle!... Mais celle de demain! Oh! celle de demain!..... N'importe, puisque ce jour est le dernier que je passe en entier dans ma prison, je veux tâcher qu'il ne me paraisse pas long, il faut absolument que je m'en donne. Et pour bien commencer, à peine mes yeux sont-ils ouverts que je m'écrie :

> A boire, à boire, à boire, à
> Nous quitt'rons-nous sans boire,
> Nous quitt'rons nous
> Sans boire un coup.

Cela ne rime pas, j'en conviens; mais la chanson n'en est pas moins fort intéressante.

Mons Victor a entendu mon exclamation, il accourt tout doucement : c'est toujours là sa manière de courir.

Avec une simple petite heure de préparation, les tables sont dressées, je dis les tables, car nous sommes obligés de faire des rajustemens; nous sommes si nombreux... Douze personnes, rien que cela, et je mets le verrou de sûreté, pour éviter la visite d'un treizième; car vous concevez tous les malheurs qui pourraient résulter de cet effrayant nombre treize.

Le vin et la gaîté circulent. C'est étonnant que je ne me sente pas du tout chagrin de quitter mes camarades : c'est un peu égoïste cela ; mais que voulez-vous que j'y fasse, je ne me suis pas fait moi-même, et puis, je crois bien qu'à très-peu de chose près, les hommes sont tous ainsi bâtis.

Le déjeûner est bon, fort bon : du foie de veau à la poële ; quand c'est bien accommodé, cela ne laisse pas que d'avoir son petit mérite, et celui-là est de main de maître; c'est notre brave homme de gardien qui l'a fait, et je puis dire que le gaillard s'y connaît.

Un pâté de Chartres lui succède. Ils ne sont pas du tout mauvais ces pâtés-là, demandez à qui vous voudrez : quant à moi je vous réponds que celui-ci aurait flatté le palais de Lucullus lui-même.

Les têtes s'échauffent, le vin roule avec profusion, le café est sur le feu, chantons la mère Gaudichon. On me prie de chanter, c'est l'usage. Cette fois je ne commencerai pas, et pour raison. Faites chanter Henri, moi je veux essayer d'improviser aussi... je me sens de force à m'en tirer tout aussi mal qu'un autre.

Mon huissier a chanté le Dieu des bonnes gens, de Béranger, bonne chanson, à mon idée ; c'est une des meilleures productions de ce chansonnier philosophe : il y a là-dedans des idées, des images, des expressions qui ne dépareraient pas les odes immortelles de J. B. Rousseau.

Mon chambriste prend à son tour la parole ; il chante une chanson de moi, intitulée le Vaurien. Il ne la chante pas mal, il a un organe et des manières qui conviennent à ce sujet-là. En conscience, je ne peux pas m'empêcher de dire qu'il est vraiment à son article quand il retrace le portrait d'un mauvais sujet, et qu'il répète à chaque refrain, sur l'air : *A la façon de Barbari mon ami.*

Rire de tout, ne craindre rien,
Nom d'un chien,
Voilà le portrait d'un vaurien,
Et c'est l' mien.

Et les bravos de rouler..... Je remarque que ce sont ceux-là même qui n'ont pas écouté du tout qui applaudissent le plus fort; mais c'est égal, c'est toujours comme cela que ça se pratique dans des cas semblables.

A mon tour, Paillasse.... Pas moyen de s'en défendre; et je vous assure que je n'ai même pas l'envie de refuser; en conséquence, j'improvise. Pesez bien la force, la conséquence de ces mots, *j'improvise*, et je chante, en cherchant un peu, cependant, les couplets suivans :

JE N'Y REGARDE PAS DE SI PRÈS.

Chansonnette.

Air de Manon Giroux.

J'suis pas d'ceux qui s'croient poëtes
  Parc'qu'ils griffonnont
D'temps en temps queuq'chansonnettes
  Dont y n'sav't pas l'nom.
Pourtant faut pas m'chanter pouille
  De d'sus mes couplets,
Car, du moment qu'ça s'berdouille,
  J'n'y r'gard' pas d'si près. (*bis*)

Lorsque Phébus me taquine,
  J'cours chez le marchand d'vin,
En sirotant ma chopine,
  Pincer un refrain.
Dans la bonté d'sa piquette
  J'sais qu'y a pas d'excès ;
Mais pour peu qu'ça m'rend' pompette,
  J'n'y r'gard' pas d'si près.

Lorsque l'appétit talonne
  Certain god'lureau,
Y faut à c'monsieur j'ordonne
  Poulet, fricandeau.
Mais moi, quand je fais bombance,
  Je n'tiens pas aux mets,
Et pourvu qu'je m'bourr' la panse,
  J'n'y r'gard' pas d'si près.

Tel qui se croit z'un artiste,
  N'est qu'un barbouilleur;
Et j'connais plus d'un copiste
  Qui s'dit rimailleur.
L'épicier d'leur griffonnage
  Fait des p'tits cornets;
J'leux réserve un autre usage;
  J'n'y r'gard' pas d'si près.

Trop d'fois à l'indépendance
  Mes chants ont tourné;
Dans les affaires d'la France
  J'ai trop fourré l'né.
A ma muse satyrique
  On a fait des traits,
Et maintenant, en politique,
  J'n'y r'gard' pas d'si près.

Quelle qu'elle soit, la voilà. Si vous trouvez qu'elle ne vaille pas grand'chose, il n'y a pas de mal; car je vous assure que, dans ce cas là, elle m'aurait coûté à peu près tout ce qu'elle vaudrait. Mais, surtout, je vous le recommande en grâce, si vous ne la trouvez pas bonne, ne le dites à personne, cela pourrait me faire beaucoup de tort; et chercher à me faire du tort, à moi, qui ne cherche qu'à vous faire plaisir, vous conviendrez qu'il y aurait ingratitude de votre part; mais je ne vous crois pas capable de me faire un trait semblable à celui-là.

Dussiez-vous vous mettre d'une colère épouvantable contre moi, il faut que vous ayez la complaisance de me laisser encore insérer ici une chanson nouvelle, que j'ai chantée audit déjeûner. Je me suis donné ma parole de la faire imprimer, et puisque j'en trouve aujourd'hui le moyen, je le saisis. Elle est intitulée *L'indépendance*..... L'indépendance.... joli sujet à chanter... surtout à Ste.-Pélagie ; aussi, je ne vous la donne pas pour une chanson de circonstance, ainsi que vous allez en juger, si vous voulez bien la lire.

L'INDÉPENDANCE.

Air de la boutonnière.

Ma muse ayant, dans ses couplets,
Frondé les erreurs de notre âge,
Quelques écouteurs aux aguets
Ont tout fait pour la mettre en cage.

Plusieurs coups frappés sur mes doigts
M'ont donné de l'expérience ;
Et sans effaroucher les Rois,
Je vais chanter l'indépendance.

L'Amour est un petit sournois
Qui fait répandre bien des larmes ;
Et j'ai rencontré sous ses lois
Autant de peines que de charmes.
Mais s'il faut, pour braver ses traits,
Végéter dans l'indifférence,
A ce prix ne voudrai jamais
Conserver mon indépendance.

A la voix de Rome en danger,
Cincinnatus a pris les armes :
Il court, il combat l'étranger,
Et Rome a vu sécher ses larmes.
Le front couronné d'un laurier,
Pour le soc il quitte la lance :
Voilà, voilà, comme un guerrier
Doit garder son indépendance.

Honte éternelle à l'écrivain
Dont la conscience sommeille,
Et qui brise le lendemain
L'idole qu'il vantait la veille ;

Mais gloire au mortel courageux
Qui, sans insulter la puissance,
A su, dans les temps orageux,
Conserver son indépendance.

Clio, sans peine et sans efforts,
Inscrit au temple de mémoire
Le nom des guerriers qui sont morts
Pour les vains attraits de la gloire;
Mais elle aime à laisser couler
Les pleurs de sa reconnaissance
Sur les héros morts pour sceller
De leur pays l'indépendance.

Honneur aux peuples dont le bras.......
Alte-là, muse impolitique,
Ne vous rappelez-vous donc pas
Qu'on vous défend la politique :
Sachez que les petits ont tort,
Qu'ils n'ont pas le droit d'insolence;
Et taisez-vous, car je tiens fort
A garder mon indépendance.

Il s'est encore chanté bien d'autres chansons, tant bonnes que mauvaises; mais comme elles n'ont pas le mérite de la nouveauté, et qu'en général elles ne disent pas grand'chose, moi je prends le parti de n'en rien dire du tout.

Nous en sommes au vin de Frontignan... rien que cela... Dites à présent que l'on ne se donne pas des licences en prison. Les têtes se sont montées. Nous formons à nous douze un petit congrès. Je ne vois pas du tout ce qui nous empêcherait de régler le sort des Etats de notre vieille Europe, voire même des autres parties du monde. Quand une fois on s'y met, il n'en coûte pas plus.

Nous avons commencé par régler le sort de l'Espagne, car c'est parbleu bien elle qui dans ce moment est la plus pressée; en conséquence, nous la tirons tout de suite du mauvais pas où elle se trouve, comment? je ne vous le dirai pas: ce n'est pas moi qui en ai trouvé le moyen; et le secret des autres ne m'appartient pas.

Après bien des débats et des pourparlers, cette pauvre Europe est enfin arrangée comme il faut. Nous avons rejeté, dans une autre partie du monde, la Turquie, qui nous déplaisait dans celui-ci. Nous avons restitué, en un tour de main, aux Grecs leur ancien territoire et leur antique splendeur. Nous avons brisé les fers de la Pologne, raccourci autant que faire s'est pu la stature gigantesque de la Russie, rogné les ongles à l'Angleterre, et, grâce à nos immenses travaux philantropiques, le Continent marche tout seul sur des roues nouvelles et bien solidement confectionnées.

On pense bien que tant de belles choses n'ont pu être faites en un clin-d'œil, et l'on ne s'étonnera pas, je pense, lorsque l'on apprendra que quatre heures étaient déjà sonnées, quand nous jugeâmes enfin convenable de terminer notre importante besogne. Quatre heures!... que n'est-ce déjà quatre heures du matin du lendemain!.... Telle est la réflexion que je fais, et pourtant je ne m'ennuie pas. Nous venons de faire tant de bien au monde, et il est si doux de faire des heureux!

Cependant ce qu'il y a de terrible

dans cet univers de misère, c'est que tout s'use; on se lasse de tout, et les plus belles choses qu'il soit possible de voir ou de faire, finissent par nous ennuyer. C'est ce qui nous arrive à notre tour. La soif était tarie, la faim rassasiée, la pipe vidée et revidée, et nous allions, je crois, en revenir au sempiternel piquet, seulement pour avoir l'air de faire quelque chose, quand on m'appela soudain.

Qui diable peut me faire appeler? Ce n'est pas aujourd'hui jour de salon, et moi je ne donne mes audiences que ces jours là. N'importe, voyons.

Ah! voici ce que c'est. Un assez

bon garçon que j'appellerai tout bonnement André, condamné à la détention pour avoir eu le malheur de casser la jambe à son adversaire en le faisant tomber, dans une rixe assez violente, ayant une fois diné chez moi, veut me traiter à son tour dans son appartement. Appartement !.... le mot est bien choisi.... n'importe. Le local qu'il habite peut passer pour un appartement, dans une ville aussi élégamment bâtie que l'est Sainte-Pélagie. Quoiqu'il en soit, il vient me chercher. Je souhaite bien le bon jour à mes déjeûneurs, en leur promettant que le lendemain, si toutefois on m'en laisse le temps, nous déjeûnerons encore ensemble, et je suis mon conducteur...

> Changement de corbillon
> Fait trouver le pain bon

Dit le proverbe, et je fus bientôt convaincu que celui-là ne mentait pas.

Nous étions dix à table. Je trouvai là deux marchands bouchers, qui avaient été condamnés à venir faire une promenade de cinq jours à Sainte-Pélagie, sous le mauvais prétexte que les *poids* dont ils se servaient n'étaient pas de *poids*. Ces gaillards-là se traitent bien, et je m'en aperçus rien qu'au premier coup-d'œil que je jetai sur la table.

On en était au dessert : c'est le moment où règne ordinairement une familiarité aussi douce qu'amicale ; et pour doubler encore, s'il était possible, le plaisir que j'éprouvais, la bien-aimée était venue, entre le deux services, partager nos amusemens. Je l'ai déjà dit quelque part, il règne autour d'elle, à mes yeux, un prisme enchanteur qui semble embellir tous les objets. Jugez si je devais me trouver bien.

Je vous avouerai qu'étant naturellement un peu las de chanter, j'avais entamé avec elle une petite conversation particulière à nous deux (c'est pourquoi je ne vous dis pas ce dont il s'agissait), et que ce fut, en conséquence de cette occupation, qui me plaisait beaucoup, que je fis un tantinet la sourde oreille quand il fut question de me faire chanter encore.

On ne peut pas toujours chanter, leur dis-je sans façon, mais non pas sans roulade; et me penchant de nouveau vers l'oreille de la bien-aimée, je repris le fil de ma conversation, positivement à l'endroit où je l'avais quitté, ce qui doit prouver d'une manière indubitable à mon Lecteur, que je ne manque véritablement pas d'un certain degré de mémoire, ce qui prouve que..... Eh bien! me voilà perdu, moi, où diable en étais-je donc....... bon... m'y voici.

« Ah ça, me dit alors l'ami R...,

c'est aujourd'hui le dernier jour que nous vous possédons, et morbleu! nous voulons le mettre à profit. Demain vous passerez gaîment et sans obstacle la porte fatale qui, pendant quelques années encore, doit nous être fermée, et j'espère que vous ne nous refuserez pas ce que nous allons vous demander.

« — Voyons, mes amis, et croyez à mon sincère désir de vous être agréable.

« — Quoique sous les verroux, mon cher Émile, nous ne sommes pas encore tellement séparés du monde, que ses nouvelles littéraires ne nous parviennent pas ; ainsi donc, nous savons que vous avez fait un ouvrage intitulé : le *Jour des Noces*, dont on nous a dit *beaucoup de bien*. Ce poëme, si nous en croyons les ouï-dire, vous l'avez composé pour prouver que si votre muse, en un jour de goguette, fit assez de sottises pour se faire conduire à Sainte-Pélagie, elle sait aussi, quand elle veut s'en donner la peine, saisir les pinceaux les plus délicats, et environner de voiles légers et diaphanes les illusions que l'amour nous prépare. Votre Jour des Noces est, d'après ce que l'on nous en a rapporté, une espèce de petit modèle en ce genre; et j'ose croire que vous ne quitterez pas vos vieux compagnons d'infortune sans leur avoir fait entendre ce qu'ils brûlent de connaître. »

Dire à mon Lecteur que je me

sentis la tentation de refuser, ce serait le tromper, si toutefois il était assez bon pour m'en croire sur parole, ce dont je doute très-fort. Le fait est, qu'indépendamment du plaisir qu'éprouvent en général les auteurs en faisant lecture de leurs productions à un public un peu connaisseur et fort attentif, indépendamment de ce plaisir, dis-je, nous possédions à ce banquet, outre ma douce amie, trois gentes et aimables femmes, qui joignaient leurs instances à celles de mes amis. Ce mot de *jour des noces*, à quelque chose de si joli, de si doux à l'oreille des dames........ et quand des voix séduisantes parlent, comment avoir la force d'y résister?.....

Un léger sourire voltigeait déjà sur les lèvres de la bien-aimée; l'incarnat de la pudeur ajoutait aux roses de son teint, et ses longs cils, modestement baissés sur sa serviette, annonçaient clairement à tous les convives qu'il allait être question d'elle. En effet, c'est bien l'enchanteresse qui, sous le nom supposé d'Isoline, se trouve l'héroïne du petit ouvrage dont mes indulgens amis prétendaient attendre la lecture avec une sorte d'impatience.

Je suis naturellement fort intéressé, vous ne le croyez peut-être pas : eh bien! vous avez tort, car je vais vous donner une preuve convaincante de ce que j'avance, après laquelle vous ne pourrez plus vous permettre la moindre espèce de doute; et cette preuve la voici : c'est que je ne voulus absolument pas commencer ma lecture avant de m'être fait promettre un baiser de chacune de ces dames, lorsque j'aurais terminé; et encore ne vous parlai-je pas des conditions onéreuses que ma ladrerie reclama *in petto* de mon Aglaé ; enfin, que voulez-vous? Chacun a son petit défaut.

Voilà le mien, et tout vilain qu'il est, je ne le changerais pas encore contre beaucoup d'autres.

Plus généreuses que moi, les dames auxquelles j'ai dicté des lois si dures m'ont payé comptant la moitié de ce que je réclamais, et ne pouvant, sans impolitesse, tarder d'une seule minute, après de telles faveurs, j'ai lu la pièce de vers suivante.

LE JOUR DES NOCES.

POÊME.

Déjà paraît à l'Orient
Une clarté douce et légère,
Déjà la triple messagère
Voit pâlir son disque brillant,
Et pour se dérober à des regards profanes,
L'étoile de Vénus de voiles diaphanes
S'entoure et meurt en scintillant.
Agitant une aile amoureuse,
L'hirondelle au milieu des airs
Porte déjà sa course aventureuse.
En préludant à de nouveaux concerts,
Le tendre rossignol, aux hôtes du bocage,
Donne déjà quelques leçons.
Au sein d'un riche pâturage,
Chassant avec gaîté les troupeaux du village,
Le pâtre en cheminant fredonne ses chansons;

Et jusqu'aux voûtes immortelles,
Reportant son timbre argentin,
L'airain vient apprendre aux fidèles
Qu'il est six heures du matin.
Tout s'éveille au hameau, tout sommeille à la ville :
Le riche, fatigué de nocturnes excès,
Mollement étendu sur la plume docile,
D'un Dieu réparateur savoure les bienfaits.
Mais de la gentille Isoline
Déjà la bouche purpurine
Au pied du Souverain des Cieux,
D'une voix encore enfantine,
Porte des chants harmonieux.
Qui peut donc si matin entr'ouvrir sa paupière ?
Car son œil pétillant d'amour,
Bien rarement s'ouvrit au jour,
Avant que de Phébus l'aimable avant-courrière
N'eût aux mortels annoncé la lumière.

Ce petit Dieu, si traître et si charmant,
Dont le flambeau toujours ardent
Enfante, éclaire, embrase tous les mondes,
Par des traits lancés en jouant,
Au cœur de cette jeune enfant
A fait des blessures profondes;

Un sentiment jusqu'alors inconnu
A pénétré dans le cœur d'Isoline :
  Son humeur légère et badine,
  Au même instant a disparu ;
  Mais l'œil clairvoyant de sa mère
  A deviné le doux mystère,
  Et, grâce à ses soins vigilans,
  L'Hymen va ravir à son frère
  La jeune rose de seize ans
Que le fripon voulait emporter à Cythère.
  Ce jour si brillant et si pur,
  Qui, dès l'aurore matinale,
  S'annonce par un ciel d'azur,
  Doit éclairer la pompe nuptiale :
  Pensers d'amour l'ont précédé,
  Et lorsqu'aux aimables mensonges
  Que nous offre le Dieu des songes
  La tendre Isoline a cédé,
  Rêves d'amour ont succédé.

Elle s'éveille, et sa paupière humide
  En vacillant laisse passer
  Un coup-d'œil brûlant et timide
  Sur le jour qui va commencer.

Elle n'ose, la jeune fille,
Porter ses regards inquiets
Sur les doux et tendres secrets
De l'hymen qui pour elle brille;
Mais au pied des divins autels
Où doit la conduire sa mère,
En palpitant, son jeune cœur espère
Trouver des beaux jours éternels.

Sur sa couchette solitaire,
Elle jette un dernier regard :
C'est là que sa bouche à l'écart
Tant de fois soupira naguère,
Et ces accens qu'elle profère,
Sont recueillis par les zéphirs :
« Puissé-je au gré de mes désirs,
« Loin de la haine et de l'envie,
« Ne jamais regretter, dans le cours de ma vie,
« Ce théâtre discret de mes premiers soupirs !..

Elle a dit, et sa main badine
Rejette sur ses pieds charmans
Les tissus légers, ondoyans
Qui chaque nuit de leur hermine
Recouvraient ses appas naissans.

Elle effleure en tremblant le parquet qui la porte,
    Et l'impulsion la plus forte
    La fait courir à son miroir :
  Ainsi que lui, que ne puis-je la voir
Tandis qu'en s'échappant de la couche discrette,
    Elle est encor *dans le simple appareil*
D'une beauté qu'on vient d'arracher au sommeil !
Courir à son miroir dès l'instant du réveil,
    Est, j'en conviens, le trait d'une coquette ;
      Mais aussi (disons le tout bas),
    En la voyant si jeune et si jolie,
      Par tant de grâces embellie,
      Qui ne lui pardonnerait pas ?....
Un léger vêtement aussi blanc que la neige
Voile sans les cacher les plus jolis attraits ;
    Le Zéphir, qui parfois l'assiége,
Trahit sans les montrer mille charmes secrets.
Sa brune chevelure, en tresses ondoyantes,
Sur les trésors d'amour s'étale vainement ;
En formant avec eux un contraste charmant,
Elle en fait ressortir les nuances brillantes ;
Prête au bouton de rose un éclat enchanteur,
De deux globes naissans blanchit encore l'albâtre ;
Sur mille appas enfin se balance et folâtre,
    Sans être utile à la pudeur.

Ce dernier vêtement qu'amour parfois soulève
  Au mépris des droits de l'hymen,
  Garde le bien, aimable fille d'Eve,
 Et qu'un époux d'une brûlante main,
  Puisse au moins, gentille Isoline,
Ecarter le premier la blanche mousseline
  Qui fait ressortir et dessine
  Les attraits de ton joli sein.

  D'une étoffe un peu moins légère,
 Avant de recouvrir ce dernier vêtement,
  Elle soupire faiblement,
  Elle pense que ce moment
 Est le dernier que lui permet sa mère,
  Pour refuser à son amant
 Tous les trésors du jardin de Cythère.
Elle pense..... et sa main, en effleurant son front,
 Veut en chasser des pensers pleins de charmes;
  Mais, en dépit de ses alarmes,
  Ces jolis pensers resteront
 Jusqu'au moment où sa gentille rose,
  S'entr'ouvrant aux baisers d'amour,
 Aura fini de subir à son tour
  Une douce métamorphose.

A SAINTE-PÉLAGIE.

Un corset délicat, dans son heureux contour
Enferme doucement une gorge admirable,
Jeune encore, il est vrai, mais qui peut-être un jour
 Fera donner bien des mortels au diable.
 Pour achever de voiler tant d'attraits,
  Une robe de lévantine
 Vient dérober les charmes d'Isoline
  A tous les regards indiscrets ;
 Mais sous la gente palatine,
Ce que l'œil ne voit pas, au moins on le devine,
Et la robe flexible, en se jouant dessine
  Jusqu'aux charmes les plus secrets.
  La vagabonde chevelure
Sous l'or et le corail enchaîne ses réseaux,
  Et pour compléter sa parure,
  Le plus élégant des bandeaux
Joint les prismes de l'art à ceux de la nature.
Sur ce timide front où brille la candeur,
  Une couronne virginale,
  Sans rien ôter à la pudeur,
 Vient ajouter sa pompe nuptiale.
Ce bouquet si joli, ce présage enchanteur,
Quelquefois, je le sais, on le profane en France ;
  Mais ce symbole d'innocence,
Sur le front d'Isoline au moins n'est pas trompeur.

Pour mettre fin à sa toilette,
Petit bas moulé par l'amour,
Avec orgueil s'enlace et prête
Un nouveau charme à jambe faite au tour;
Soulier mignon, de légère structure,
De petit pied de bon augure
Vient chausser l'élégant contour,
Et la gentille jarretière,
Nouée au-dessus des genoux,
Fait espérer larcin si doux,
Que je suis (soit dit entre nous)
Tenté de m'écrier (je n'en fais point mystère):
Que ne suis-je le petit frère *!

Il ne lui reste qu'un instant:
Elle se dépêche en tremblant;
La voilà prête enfin, et sa glace fidèle
Semble lui dire : On peut en trouver de plus belle;
Mais de nos jours jamais amant
N'aura trouvé de minois plus piquant.
D'un pied léger, d'une course timide,
Glissant sur le parquet, ainsi qu'une sylphide

---

* On sait que dans les noces, c'est le petit frère que l'on charge d'enlever la jarretière de la mariée.

Brûlante de pudeur, d'amour et de désirs,
Soupçonnant de nouveaux plaisirs,
Et n'osant pas y porter sa pensée,
En un clin-d'œil la jeune fiancée
A caché sa rougeur dans les bras caressans
Que lui tend aussitôt sa mère,
Dont un secret orgueil vient embrâser les sens,
Et qui tout bas se dit d'une voix fière :
« Voila comme j'étais lorsque j'avais seize ans. »

Tandis que son œil l'examine,
Sa voix, sans chercher nul détour,
Lui dit : « Approche-toi, mon Isoline :
« Celle qui t'a donné le jour,
« Jusqu'à ton oreille enfantine
« Veut faire parvenir ses conseils pleins d'amour.
« Si, pour narguer la fortune jalouse,
« On voyait toujours ici bas
« La bonne fille être une heureuse épouse,
« Alors te pressant dans mes bras,
« De tes nouveaux devoirs je ne t'instruirais pas ;
« Mais l'hymen, on le dit, est une loterie :
« Le caprice en tire les lots,
« Sur deux mille, un sage parie
« Qu'il n'est pas cent bons numéros ;

« Et quelquefois, à ce jeu qu'accompagnent
« L'inquiétude et les regrets,
« Hélas! les personnes qui gagnent
« Ont payé trop cher leurs billets.
« Au sein des nœuds qu'aujourd'hui j'inaugure,
« Si tu veux que ton bonheur dure,
« Dédaigne les plaisirs bruyans :
« Loin des grandeurs et des salons brillans,
« Que ton époux et tes enfans
« Soient l'objet de tes soins, ta plus belle parure;
« Et des coups de l'adversité,
« Qui quelquefois menacent l'existence,
« Rappelle-toi qu'on brave l'influence,
« Quand on joint à la patience
« Douceur et sensibilité.
Elle a dit : Sur le front de son aimable fille,
La tendre mère de famille,
A peine vient de déposer
Un doux et maternel baiser,
Lorsque soudain paraît Gustave.....

Quoiqu'un duvet encore léger
S'efforce à peine d'ombrager
Sa bouche d'où s'échappe un langage suave ;
Déjà la parure du brave,

Le ruban brille sur son cœur.
Ce ruban, prix de la valeur,
Il ne le doit point à l'intrigue :
Loin des cours et loin de la brigue,
Il l'a conquis au champ d'honneur.
A travers les dangers, se frayant une route,
Bravant la grêle des boulets,
On l'a vu le premier, au sein d'une redoute,
Arborer l'étendard français.
Il a, quoique bien jeune encore,
Ainsi que nos fiers vétérans,
Du Couchant jusques à l'Aurore
Dirigé ses pas triomphans.
De son sang teignant chaque rive,
Il partagea le sort de nos guerriers,
Et quelquefois un des premiers
Il sut arracher des lauriers
A la victoire fugitive.
Après tant de malheurs, après tant de revers,
Planant enfin sur l'univers,
La douce paix a fini ses alarmes,
Il a, non sans verser des larmes
Sur les malheurs de son pays,
En soupirant quitté des armes
Teintes encore du sang des ennemis.

Mais si Bellone a trahi sa vaillance,
 Au sein de la paisible France,
D'une nouvelle gloire il rêve encor le jour,
 Et garde la douce espérance
 D'oublier cinq ans de souffrance
 Au sein des plaisirs de l'amour.

Avant de pénétrer jusqu'à son Isoline,
 Il donne un baiser filial
 A la mère qui le lutine;
 Puis de la bouche purpurine
Il savoure avec feu le parfum virginal.....
. . . .

Mais l'autel est paré, déjà brûle le cierge;
 De l'Éternel un ministre divin
 N'attend plus que la jeune vierge
Pour lui ceindre le front du bandeau de l'hymen.
Sous les pas des chevaux le pavé brûle et crie,
De fleurs et de rubans ces coursiers chamarrés,
 D'orgueil paraissent enivrés,
Et prennent le galop sans qu'on les injurie.

On arrive, on descend. Sous le porche arrêté,
 Le suisse avec sa hallebarde,
Reçoit les fiancés, et, formant l'avant-garde,
 Les conduit avec majesté
 Jusqu'à l'autel pour tous deux apprêté.

A SAINTE-PÉLAGIE.

L'évangile est ouvert, les époux s'agenouillent ;
    La mère, dont les yeux se mouillent
  De pleurs d'amour, avec componction
  Répand sur eux sa bénédiction.
      « Chers enfans ! tout bas se dit-elle,
    « Puissiez-vous, grâce au nœud que vous formez,
      « Sous vos pas ne trouver semés
    « Que le plaisir, la rose et l'immortelle !... »
      Mais le contrat en est passé ;
  Le *oui* charmant, ou quelquefois si traître,
    Qui change l'amant en un maître,
Et nous fait regretter un bonheur éclipsé ;
      Ce *oui* douteux est prononcé....
      Sans aucune espèce d'entrave
On l'entend s'échapper des lèvres de Gustave
      Avec une sorte d'orgueil,
      Tandis que la gente Isoline,
  Sur son ami n'osant pas lever l'œil,
Ne permet qu'en tremblant à sa voix enfantine
    De révéler les désirs de son cœur,
En proférant ce *oui* qu'attendait son vainqueur.

Comme elle est belle alors ! les cils de sa paupière
    Modestement abaissés vers la terre,
      A tous les regards curieux
      Ont en vain dérobé ses yeux ;

Le pourpre de la modestie
Sur son beau visage étendu,
Et sur sa bouche tant jolie
Le vif incarnat épandu,
Tous les attraits qu'à sa figure
Prodigua la simple nature,
Et qui sont rehaussés encor
Par le jais de sa chevelure;
Tout, en un mot, semble d'accord
Pour lui prêter sans nul effort
Ce charme heureux qui toujours nous pénètre,
Que j'essaîrais en vain de peindre dans mes vers,
Ce charme enfin qu'à l'univers,
A la voix de Jupin, Vénus a fait connaître
En s'élançant du sein des mers.
Gustave avec orgueil la regarde et l'admire;
Certain moment que lui promet l'amour,
A sa bouche vient à son tour
Arracher d'avance un sourire.

Mais Phœbus disparaît, et la fuite du jour
Des noirs fils de l'Erèbe annonce le retour;
Et Phœbé, s'échappant des gorges des montagnes,
Déjà de ses rayons argente les campagnes.

A SAINTE-PÉLAGIE.

Tout est fini; les saints autels
Ont retenti des sermens d'hyménée;
 Et de l'agréable journée
 A des plaisirs plus sensuels
 L'heureuse fin est destinée.
 Les coursiers prennent leur essor,
Avec orgueil ils balancent leur tête,
Ainsi que nos époux, ils paraissent d'accord,
 Et l'aquilon qui souffle la tempête
  Est, je crois, moins rapide encor!
  En un instant l'on touche au port,
  Et devant Martin on s'arrête.
  Au salon le plus élégant,
  Pour donner des grâces nouvelles,
 Du vieux Comus, ce digne descendant,
  Sous les roses, les immortelles,
  A su cacher avec talent
  Les lambris de l'appartement
  Où grand nombre de jeunes filles,
  Légères autant que gentilles,
Vont se livrer au doux amusement
  Que nous devons à Therpsicore.

 Ce salon de noce est charmant,
 Et pourtant ce n'est rien encore;
Car chez ce demi-dieu, celui qui se restaure,
 Est forcé de dire en sortant:
 « Martin est un homme à talent! »

En attendant qu'une table brillante
　　Soit couverte de mets exquis,
Pour oublier l'appétit qui le tente,
　Chacun, avec ses plus proches amis,
　　Des agrémens du mariage,
De ses chagrins, ou de son esclavage,
　　Entame un fidèle croquis;
　　Et chacun selon l'ordinaire,
　　Veut le juger à sa manière,
Soit d'après ses plaisirs, soit d'après ses ennuis.

Indifférens au point que l'on discute,
　　Sans prendre part à la dispute,
　　Les époux, dans un petit coin,
　　Satisfont le tant doux besoin
De répéter serment d'aimer sans cesse;
　Quels transports! quelle aimable ivresse!
Ils parlent peu, mais leurs yeux indiscrets,
　　Et leurs mains doucement pressées,
　　Trahiraient toutes leurs pensées
　Si les témoins de leurs secrets,
　　En protégeant le doux mystère,
　　Aux regards mêmes de leur mère,
　Ne cachaient leurs discours muets.

Combien Isoline est émue !
Certaine palpitation
Soulevant et baissant sa gorge à demi-nue,
Inspire à son amant brûlante émotion,
Qui pousse sa main indiscrète
A chiffonner la collerette
Sous laquelle, en franc étourdi,
Il darde en tapinois un œil un peu hardi.
Gorge de vierge est tant jolie !
La peau tant fine ! tant polie !
Et cet incarnat enchanteur
Qui domine des monts d'albâtre,
Sait si bien embrâser le cœur
De l'amant qui les idolâtre,
Que dussé-je passer pour un mauvais sujet,
Je ne sais, je le dis tout net,
Comment on peut avoir la force
De résister à l'attrayante amorce
Que renferme un joli corset !

Ces trésors que la nuit prochaine
Sa main sentira palpiter,
En se modérant, non sans peine,
Gustave veut les respecter ;
Mais il ose en vain s'en flatter,

L'Amour, jaloux de sa puissance,
Ordonne au Zéphir caressant
De se glisser en folâtrant,
Sous les voiles dont la décence
A, de la timide innocence,
Voulu couvrir le sein charmant;
La gaze avec grâce s'entr'ouvre,
Le pauvre Gustave éperdu,
De plaisir reste confondu,
D'un bandeau son œil se recouvre,
Et ne sachant plus ce qu'il fait,
Sans y penser, abjurant la sagesse,
Oubliant même en quel endroit il est,
Il va rougir d'une bouche traîtresse
Les doux attraits de sa maîtresse;
Il va...... Par bonheur de l'archet,
Le son mélodieux résonne à son oreille.
A ce bruit soudain il s'éveille,
Et rougissant de ses transports,
Il se dit : « Redoublons d'efforts
« Pour qu'au moins cette jeune rose,
« Dont en ma faveur on dispose,
« Avant l'heureux moment, ignorant le chemin
« Qui doit la conduire à Cythère,
« Dans son innocence première
« S'épanouisse sous ma main. »

A SAINTE-PÉLAGIE.

Afin de mieux soustraire encore
Son esprit aux pensers brûlans
Qui l'assiégent de temps en temps,
Il va des lois de Therpsicore
Se rendre esclave au moins quelques instans ;
Mais soudain la table est servie,
Chacun au gré de son envie
Se dispose à fêter Comus,
Disant tout bas son *oremus*.
L'époux, en se sauvant de l'ange qui le tente,
Sur le siége qu'on lui présente
Se place avec vivacité ;
Il y retrouve sa gaîté,
Il est loin de l'enchanteresse
Dont un regard, une parole, un rien,
Lui causent une telle ivresse,
Et lui troublent l'esprit si bien,
Que perdant sa pauvre cervelle,
Il est forcé, quand il est auprès d'elle,
De prendre l'allure et le ton
D'un échappé de Charenton.

Compter les mets nombreux qui surchargent la table,
En faire un éloge complet,
Loin de vous paraître agréable,
J'en suis certain, vous ennuîrait,

Et je pense qu'au sexe aimable
Pour qui cet opuscule est fait,
Un pareil sujet déplairait :
Je le passe donc sous silence.
Tout était bien, même parfait.
On sait que Martin s'y connaît,
Et je crois bien que dans toute la France,
En fait de noce et de bombance,
Nulle part on ne servirait
Tant de mets délicats, avec tant d'élégance.

En elle-même souriant,
D'Isoline la tendre mère
Fait un signal au petit frère.
Aussitôt le malin enfant
Sous la table passe en jouant,
Et Gustave, presqu'en colère,
Des yeux le suit en soupirant ;
Mais il se rassure en songeant
Qu'en enlevant la jarretière,
Gentil mollet, genou charmant
N'arrêteront pas un instant,
Un espiègle trop innocent
Pour être déjà téméraire,
Pour soupçonner enfin que jambe faite au tour
Est un des trésors de l'amour,

Et que la main qui la caresse,
Quelquefois, hélas! a coûté,
Par l'excès de sa hardiesse,
Bien des larmes à la beauté.

Pour s'acquitter de l'aimable corvée,
Aussi léger que l'écureuil,
L'aimable enfant s'élance avec orgueil.
La jarretière est enlevée.......
Et sous le tranchant des ciseaux,
Se partageant en de nombreux morceaux,
La faveur brillante et légère,
En voyageant de mains en mains,
De tous les habits masculins,
Vient embellir la boutonnière.

De ces riens si jolis, savourant les douceurs,
Tout le monde est content, la gaîté la plus pure
Vient du banquet animer les acteurs,
Et d'un vin exempt de souillure,
Les esprits ardens et vainqueurs
Échauffent bientôt tous les cœurs.
Mille couplets badins et d'amour et de table
Vont s'échapper en pétillant;
Le dessert sera très-brillant,
Plus d'un convive et mainte femme aimable

Cherchent déjà quelque refrain piquant.
L'heureux époux demande la parole,
C'est lui qui, le premier de tous,
Doit célébrer des momens aussi doux;
Et le front couronné de la douce auréole
Et du bonheur et des plaisirs,
Il exprime en ces mots ses vœux et ses désirs :

I.

L'Hymen, nous dit-on à la ronde,
Fut de tout temps, un hasard dangereux :
En plaisirs souvent il abonde;
Mais quelquefois il nous rend malheureux.
Grâce au nœud qu'Amour me destine,
Un doux espoir pénètre dans mon cœur;
Et je suis sûr que le parfait bonheur
M'attend près de mon Isoline !

II.

Toi dont l'aimable caractère,
En les charmant enchaîne les mortels!
Toi dont la main vive et légère
Ceindra mon front de mirtes éternels.

Ton humeur gentille et badine,
A tes côtés doit fixer les amours ;
Et j'ai juré de m'occuper toujours
    Du bonheur de mon Isoline.

III.

O vous, sa bonne et tendre mère !
Vous qu'on a vu guider ses jeunes ans,
    D'un amant heureux et sincère
A votre tour écoutez les accens :
    Voyant votre fille divine
Me préparer les momens les plus doux,
Puis-je oublier que je ne dois qu'à vous
    Les vertus de mon Isoline ?.....

Ces faibles vers que sur-le-champ
    Gustave a puisés dans sa tête,
    S'il ne sont pas d'un bon poëte,
  Ils sont au moins d'un bon amant.
    Sa jeune épouse en rougissant
N'en a pas moins trouvé ce langage suave,
    Et sa voix répond en tremblant,
Aux doux accens du bien-aimé Gustave.

Fidèle aux prudentes leçons
Que lui donna sa tendre mère,
Elle trouve, même en chansons
Et le talent et l'art de plaire;
Son époux, son heureux amant,
Pour la remercier de son aimable chant,
En tapinois s'approche d'elle;
Et le fripon lui dérobe un baiser.....
Ce baiser qu'on n'a pu ni voulu refuser,
Est pris d'une façon simplement fraternelle;
Mais du voleur l'œil plein d'espoir
Et la bouche un peu libertine,
En le prenant à la pauvre Isoline
Disait tout bas : « A ce soir, à ce soir. »

J'entends sauter le bouchon du Champagne;
Le nectar se verse à grands flots,
Avec lui naissent les bons mots;
Chacun déjà bat la campagne
Et fait des châteaux en Espagne;
A mille riens jolis, à des propos piquans,
Le mousseux a donné naissance;
Et les voiles de la décence
Sont chiffonnés de temps en temps.

A SAINTE-PÉLAGIE.

D'Isoline le sein palpite,
Son pauvre cœur en bat plus vite,
En rougissant elle baisse les yeux ;
Quoiqu'elle soit bien innocente,
Il est certains plaisirs que nous tenons des Dieux,
Et sur lesquels femme charmante
Ne fut jamais tout à fait ignorante !

Mais pour comble de volupté,
La table est enlevée, et déjà la musique
Vers Therpsicore appelle la beauté ;
Chacun y vole avec gaîté,
Et tout en badinant s'applique
A montrer sa légèreté.
Par une indulgence assez rare,
En faveur de nos deux amans,
De l'usage qui les sépare
On déroge quelques instans ;
Et l'on permet qu'avec son Isoline
Gustave puisse exécuter
Une contredanse badine,
Que pour les deux époux Gardel vient d'inventer.
Presse la bien ta douce amie,
Serre la bien contre ton cœur,
Et jouis vite du bonheur
D'enlacer sa taille jolie ;

Car maintenant, soit dit sans te fâcher,
Tu peux compter que pendant la soirée
De ta gentille mariée
Tu ne pourras plus approcher!...........
....
....

L'airain vient d'annoncer minuit à la nature.
Détachant aussitôt le chapeau virginal
Enlacé dans sa chevelure,
De sa plus belle et plus riche parure
Avec un respect filial,
Sans nulle espèce de murmure
Isoline va se priver......
Ses mains, qui de son front viennent de l'enlever,
Afin d'en séparer les branches élégantes,
Ces pauvres mains, comme elles sont tremblantes!
C'est qu'Isoline avec effroi,
En ce doux moment s'aperçoit
Que cette imposante couronne,
Qui pour toujours la fuit et l'abandonne,
Semble ordonner à son cœur agité
De faire ses adieux à la virginité........
Et de tels pensers dans la tête
De jeune fille de seize ans
Peuvent bien lui troubler les sens...
Aussi la pauvre enfant........ Mais ici je m'arrête,

Je ne dois pas porter des regards indiscrets,
Sur les sensations d'une nouvelle épouse,
   Et ma main hardie et jalouse,
Ne doit pas soulever les voiles pleins d'attraits
Sous lesquels la beauté dérobe ses secrets.

     Aux ceintures étincelantes
     De quinze fillettes charmantes,
     Isoline attache un rameau
     De son joli petit chapeau.

   Mais je vois la nuit qui s'avance;
   Il est deux heures du matin,
    Gustave, avec un air lutin,
   A la maman fait une confidence....
   La maman, par réminiscence,
   Lui renvoie un coup-d'œil malin.
Cet œil dit oui, quand la bouche refuse;
   Mais le regard du jeune époux
   Est si suppliant et si doux,
  Tant d'amour est si bonne excuse !
   Qu'indulgente pour ses enfans.
   En souriant la bonne mère,
Pour dérober aux regards des méchans
   Une fuite prompte et légère,
   Veut bien prêter aux deux amans
   Quelques instans son ministère

Elle forme en cercle nombreux,
Et surtout en un cercle unique,
Tous les mortels malicieux
Dont elle sait que l'œil s'applique
A surveiller à qui mieux mieux
Les pas de nos amans; en parlant politique
Aux convives sur le retour;
En causant avec la jeunesse
Et des plaisirs et des maux de l'amour,
Elle captive, elle intéresse;
Et tandis que par son adresse
Tout auprès d'elle est groupé dans un coin
Les deux époux sont déjà loin.

Gustave a pris la main de la douce Isoline.
A son oreille il s'est penché,
Par quels accens a-t-il cherché
A rassurer sa pudeur enfantine?
Je ne sais; mais soudain la teinte purpurine
Et l'incarnat le moins caché
Ont embelli le plus joli visage:
Isoline se tait, car Isoline est sage......
Mais de ce silence éloquent,
Interprétant le doux langage,
Gustave prend rapidement
Dans ses bras le gentil corsage,
Et, possesseur de ce fardeau charmant,

Il va déposer sa conquête
Dans un petit cabriolet
Qui sur la place l'attendait;
Et le dieu d'amour qui s'apprête
A triompher de la pauvrette,
Escorte en souriant, l'équipage discret.

Ils ne se disaient rien; mais combien ce silence,
Pour Gustave avait de douceur;
Il sent palpiter sur son cœur
Un autre cœur plein d'innocence
Que remplit un secret désir,
Et qui, grâce au dieu de Cythère,
Attend une leçon première
Et de bonheur et de plaisir.

On arrive, on descend; Isoline tremblante,
Sur son ami n'ose lever les yeux :
Sa démarche encor chancelante,
Cause un trouble délicieux
A son amant qui l'examine;
Et souvent sa voix argentine
Où le désir se mêle à la vertu,
Dit à celui qui la domine,
« Cher Gustave, où me conduis-tu? »

« Chez toi, lui répond-il, » et sa main amoureuse,
Soutenant ses trop faibles pas,
La conduit presqu'entre ses bras
Au milieu de l'enceinte heureuse
Où Cupidon l'attend en se riant tout bas.....

Sur un sopha, pour qu'elle s'y repose,
Avec respect il la dépose,
Et près d'elle se place après quelques instans.
Dire ce qu'ils ont dit, n'est pas en ma puissance,
Il n'existe pas d'éloquence
Qui puisse rendre les accens,
Les riens charmans, l'harmonieux silence,
Les mots entrecoupés, et les baisers brûlans
Que toujours en de tels momens
L'amour arrache à l'innocence.

. . . .

Ce que je sais, c'est qu'un instant après,
Le tissu précieux qui voilait tant d'attraits
S'est détaché sous la main de Gustave,
Et qu'à ses vœux, souscrivant pour jamais,
La belle, en rougissant, n'oppose plus d'entrave.

Jeunes époux, croyez-en mon conseil,
Ne souffrez point qu'au jour de l'hyménée,
Votre épouse soit amenée,
Avec un pompeux appareil,

Jusqu'à la couche nuptiale ;
Sans effaroucher sa pudeur,
Lui dérober avec douceur,
Tous ses attributs de Vestale,
Et la dépouiller fleur à fleur,
De sa couronne virginale;
C'est, croyez-moi, revêtir le bonheur,
D'un prisme encore plus enchanteur.

Gustave l'a senti, la mère d'Isoline,
De son printemps se rappelant les jeux,
De son fils a comblé les vœux.
Ah! combien Gustave est heureux.
En folâtrant, il caresse, il lutine;
Là sous la blanche mousseline,
Bouton de rose apparaît à ses yeux;
Aussitôt sa main clandestine,
Enlève le tissu soyeux
Qui lui cachait une gorge divine.
Il détache la lévantine,
Qui dessinait des contours moëlleux,
Sur une lèvre purpurine,
Déposant un baiser qu'embrâsent mille feux,
Par des accens que l'on devine,
Il cherche à rassurer la pudeur enfantine
Qui voudrait s'échapper de ses bras amoureux.

La voilà, par les soins du mortel qui l'adore,
Brillante de ses seuls atours,
Plus timide cent fois, et plus vermeille encore
Que la déesse des amours....
....
....

Restez-en là, ma plume, ou je vous brise,
D'hymen respectez les secrets ;
Vous avez détaillé les plus jolis apprêts
D'un bonheur qui nous électrise :
Laissez du moins à la beauté,
A la fin de ce jour tant de fois souhaité,
Le charme heureux de la surprise.

De l'admirable Legouvé,
Eussiez-vous le talent, la grâce,
De Rousseau le style élevé,
Et de Parny l'harmonieuse audace,
Vos vers seraient encore de glace ;
Car ce plaisir qu'ai moi-même éprouvé,
Ce feu brûlant que rien ne peut éteindre,
On peut le ressentir, on ne peut pas le peindre.

Un voluptueux demi-jour
De ses sens maîtrisés rend Isoline esclave,
Sa voix s'exprimant sans détour,
Murmure doucement : « Gustave, cher Gustave!»
Le reste appartient à l'Amour!...
. . . .
. . . .

CHAPITRE XII

ET DERNIER.

Le jour du départ.

<small>Suis en liberté,
Voilà pourquoi vois tout en rose.</small>

<small>(*Chanson.*)</small>

Le dîner d'hier est dégénéré en *vie de garçons*, quand la cloche fatale eût forcé nos dames à enlever à Sainte-Pélagie l'espèce de charme qu'elles y avaient apporté.

Au vin de Champagne, qui, soit dit en passant, commençait à nous monter un tantinet à la tête, a succédé la bière, le rhum, le kirch, la pipe et le cigare, ou la cigare, comme vous voudrez, puisque l'un et l'autre se disent. On a chanté quelques rapsodies assez insignifiantes, parce que l'on ne savait plus trop ce que l'on disait. On a fumé comme des Turcs, ou même simplement comme des Flamands, et l'on a joint aux vapeurs enivrantes du vin et des liqueurs, les vapeurs pour le moins aussi enivrantes du tabac. Ce petit détail de notre manière d'agir doit vous conduire naturellement à penser que nous nous portions tous comme de jolis garçons, quand la fermeture arriva.... Quand je dis que nous nous portions, vous pouvez parier, cher Lecteur, que ce n'était pas avec une grande facilité, car....... si vous faites ce pari là, je me mets de moitié avec vous.......

J'aurais pu, si j'avais été un tant soit peu hypocrite, j'aurais pu, dis-je, tenter de vous faire accroire que j'étais plus ivre de la joie de ma sortie du lendemain, que des effets du Champagne. Mais loin de moi l'intention de vous tromper. Je n'ai pas la prétention de passer pour un *sage*, et vous m'auriez pris pour un petit *Caton en raccourci*, si j'avais fini ce Voyage sans vous avouer franchement que je m'étais enfoncé au moins une bonne fois, dans le cours de mon mois, dans les vignes du bonhomme *Noë*. Or, je ne vous cache rien; j'ai failli une fois.......

Une fois n'est pas coutume.

Ainsi donc, je ne vous dis que ça.

Quoiqu'il en soit, ce ne fut pas sans difficulté, que même, conjointement avec mon chambriste, je réussis à prendre ma place ordinaire dans mon lit ; aussi ce maudit vin de Champagne, ça vous tape la tête ! Que le diable l'emporte !

Un peu d'indulgence, cher Lecteur, et, pour vous comme pour moi, croyez-en mon expérience, tirons le rideau sur les faiblesses humaines ; il y en aurait trop long à dire.

Enfin, tant bien que mal me voilà couché, et j'espère que le papa Morphée ne tardera pas à me donner un coup d'aile en passant... Ah bien oui !..... *compte là-dessus, et bois de l'eau.* C'est joliment là le cas de le dire........ Bois de l'eau..... Hélas!....

Je mourais de soif, et rien pour l'étancher; mais je me répétais à chaque instant : « De la patience, mon garçon, c'est la dernière nuit que tu passes ici.

Enfin, après m'être posé dix-sept fois sur le ventre, vingt-deux fois sur le dos, quarante-trois fois sur le côté gauche, et quarante-sept fois sur le côté droit, je finis par m'endormir; mais ce qu'il y a de plus malheureux dans tout cela, c'est qu'il m'est absolument impossible de vous dire, en définitive, quel fut réellement le côté sur lequel je m'endormis; mais je crois que ce fut sur le côté droit, à moins pourtant que ce ne fût sur le gauche. Enfin, quoiqu'il en soit, je m'endormis, n'importe sur quel côté, et je me réveillai tout juste à l'heure où les maçons déjeûnent.

Quel beau jour ! m'écriai-je..... Quand je dis quel beau jour, c'est au moral que je l'entends; car au physique, le temps est sombre et pluvieux ; n'importe, il me paraît superbe, et j'éprouve des démangeaisons dans les jambes.... mais des démangeaisons !.... Patience, c'est aujourd'hui le grand jour, et je sortirai dans la matinée..... Dans la matinée, entendez-vous ?

Tous les jugemens rendus au correctionnel expirent dans la matinée, et tous ceux rendus en appel, ou par la Cour d'Assises, dans l'après-dîner : c'est un prix fait comme celui des petits pâtés de huit sous. J'ai écrit, il y a deux jours, à M. le Procureur du Roi, pour lui rappeler que je dois sortir aujourd'hui. C'est une pure démarche de bienséance ; car il n'est pas présumable qu'un magistrat respectable puisse jamais oublier un prisonnier dans les fers, lorsque le terme de sa captivité est expiré.

J'ai la tête lourde encore ; toutes les fumées du *raisin pressuré la veille* ne sont pas encore évaporées, et je me rappelle ce couplet de Désaugiers :

Le lendemain d'une ribotte,
Grégoire disait à Colin :
« Ne crains pas que je m'y refrotte,
« Pour toujours je renonce au vin. » (*bis.*)

Et puis tout-à-coup il aperçoit un cabaret ; le coquin entre boire bouteille...... Et puis pendez-moi ces gueux-là, ils vous diront qu'ils sont tous de petits saints.

J'ai fait dans la nuit le même serment que Grégoire, et je le tiens comme Grégoire, avec cette différence que je suis encore plus peccable que lui, car il n'a fait que céder à l'appât séduisant de l'occasion, et moi, sans aucune espèce de honte, sans la moindre pudeur, je cours au-devant, car j'appelle Victor, et j'ai la scélératesse de lui envoyer chercher du vin.

Je prévois les torrens de larmes que va faire couler mon départ. Je suis, modestie à part, un jeune homme si aimable, et si digne d'être aimé, que je suis sûr que les sanglots de tous les abonnés du Corridor couvriront la voix de l'huissier qui viendra m'appeler pour me *déboucler*. Les pleurs inonderont mon passage; et je veux changer ces pleurs-là en larmes de vin.

J'ai eu là une bonne idée. Rien ne tue le temps comme de boire! Il ne s'ensuit pourtant pas que je prétende justifier cette habitude, quand elle dégénère en défaut, car j'ai toujours pensé que l'on pouvait également rapporter à l'ivrognerie ce que l'on a dit de l'oisiveté, qu'elle était la mère de tous les vices.

Un de nos convives, entre la poire et le fromage, nous a raconté le trait suivant, duquel on peut dire :

Si non è vero, bene trovato.

Bonaparte passait une revue. Un grenadier sort des rangs, et se présente à lui respectueusement la main au bonnet à poil.

— Que veux-tu ?

— Mon congé.

— Combien y a-t-il de temps que tu sers ?

— Vingt-deux ans.

— Tu es encore un jeune soldat.

— Je n'ai jamais mis le pied dans une salle de police.

— Je te fais sous-lieutenant.

— Ça ne se peut pas.

— Pourquoi?

— Je n'sais ni lire ni écrire.

— Je te fais 1500 francs de rente, à condition que tu boiras bouteille à chaque victoire que les Français remporteront.

— Ça n'se peut pas.

— Pourquoi?

— J'y mettrais du mien!.....

. . . .

Je le répète encore :

Si non è vero, bene trovato.

En vidant la vieille fiole d'un vin, qui, par parenthèse, n'est pas tout-à-fait sans mélange, nous avons attrapé le coup de dix heures. L'impatience commence à me prendre. Mes compagnons s'en aperçoivent. « Allons, allons, me disent-ils, vite; fais des couplets pour chanter ce soir aux amis avec lesquels tu ne manqueras certainement pas de te trouver : tu ne peux pas te dispenser de ces couplets-là. »

Les coquins connaissent mon faible; n'importe, je suis leurs conseils; je saisis la plume, l'encre; le petit vin de Surène a fait son effet; j'éprouve une grande facilité, et je broche les couplets suivans, qui sont, par la grâce de Dieu, les derniers, du moins je l'espère, que je ferai dans cette bienheureuse maison.

MA LIBERTÉ.
(3 avril 1823.)

Air de Flore et Zéphire.

Zéphire,
Soupire
Dans les champs, dans les bois,
Nayades,
Dryades
Montrent leurs gents minois;
Campagnes,
Montagnes,
Brillent de feux nouveaux;
Et Flore
Colore
Les prés et les côteaux.
Dans nos climats,
Désertant la chaumière,
Quand les frimats
Se fondent sous nos pas,
Un prisme heureux,
Du dieu de la lumière
Semble, à mes yeux,
Doubler encor les feux.

A SAINTE-PÉLAGIE.

Suis en liberté :
Voilà pourquoi vois tout en rose ;
Loin de la beauté ;
J'ai trop long-temps, à la nuit close,
Pleuré ma gaîté ;
Mais à présent je me dispose
A la volupté ;
J'ai ressaisi ma liberté.]

Accorte
Cohorte
De buveurs, de grivois
M'appelle ;
Fidèle,
Je m'élance à sa voix ;
De l'ombre
Trop sombre
Du séjour des ennuis
M'esquive.
J'arrive.
Salut à mes amis.
Séchant mes pleurs,
Comblant mes espérances,
Les chastes sœurs
Me présentent des fleurs ;

Et les amours,
Les chansons et les danses
Vont pour toujours
Embellir mes vieux jours.
Au lieu de geoliers
Dont la voix, frappait mon oreille,
De gentils gosiers,
Viennent m'enchanter sous la treille.
Que tout paraît doux,
Lorsqu'en liberté je m'éveille,
Bien loin des verroux
Qui m'avaient séparé de vous !

Ma lyre
Vient dire
Aux échos d'alentour;
Rivage,
Feuillage
Où j'ai connu l'amour;
Bergères
Légères
Dont j'ai suivi la cour ;
Lisette,
Musette,
Me voici de retour.

A SAINTE-PÉLAGIE.

Quel changement !
Que mon ame est émue !
Quel doux moment,
Après si long tourment !
Heureux instans,
Quand s'offrent à ma vue ;
Minois charmans,
Dont fus privé long-temps,
Au lieu de barreaux,
Les filets de femmes gentilles,
Au lieu de bourreaux,
Des bataillons de joyeux drilles ;
Et pour cadenas,
Pour gardiens, ainsi que pour grilles,
Jusques au trépas,
D'une belle les jolis bras !

Gentille
Famille
De chanteurs bons vivans,
Ma Muse
Recluse
Vous offrait ses accens ;

> Plus fière,
> J'espère
> Qu'elle pourra long-temps,
> Heureuse,
> Joyeuse,
> Se mêler à vos chants.

Et voilà, sitôt que j'ai fini ces couplets (que vous ne pouvez manquer de trouver excessivement jolis, puisqu'ils sont de moi), qu'une voix de Stentor retentit au bas de l'escalier du corridor, et articule clairement et distinctement le nom de votre très-humble et très-obéissant serviteur.

Mon paquet est fait de la veille, et il est si volumineux, que je l'ai fourré dans le fond de mon chapeau. Les poches de ma redingotte sont pleines des nombreux ouvrages que j'ai composés à Sainte-Pélagie. J'embrasse mes chers compagnons.... Une larme humecte ma paupière....... cette mise en liberté....... ça vous casse les bras et les jambes.

Adieu, Pierre; adieu, Paul; adieu, Jacques; adieu, Henri; adieu, tout le monde; au plaisir de vous revoir.... mais pas ici, pourtant Et mes adieux bien et duement complétés, je descends les marches de l'escalier quatre à quatre. Vous voyez que je n'étais guère pressé.... Au bas de cet escalier, je rencontre l'ami André, qui m'a si bien festoyé la veille. « Adieu garçon, lui dis-je, » et je lui donne une bonne poignée de main.

« N'oubliez pas que vous m'avez promis un exemplaire du Voyage à Sainte-Pélagie, me dit-il au moment où je fourrais ma tête sous le guichet. — Chose convenue, chose due, lui *répondis-je*, » et me voilà parti.

Me voici au greffe.

Je vous assure, mon cher Lecteur, qu'il vous faut être bien véritablement celui que l'on va mettre en liberté, pour y être mis effectivement, tant sont longues et minutieuses les questions que l'on vous fait à ce maudit greffe. Enfin, m'en voilà quitte. Le *laissez sortir Monsieur*, est prononcé par le père P...., le greffier, qui, par parenthèse, a l'air d'un brave homme, et me voilà de retour dans la rue de la Clé, après un mois d'absence ! Mais le temps passé paraît si court !...

Vous vous imaginez peut-être bonnement, vous qui n'entendez rien aux affaires, que lorsque l'on est enfin mis à la porte d'une prison, on s'en va de suite et tout droit chez soi, ou dans tel autre endroit que l'on juge convenable; eh bien, vous êtes dans l'erreur. Avant de passer les guichets, les gardiens ont soin de vous inviter à aller faire tirer bouteille chez M. Sautier, marchand de vin, rue de la Clé, en face de Ste.-Pélagie, en vous annonçant qu'ils vont venir vous *faire l'amitié* d'en prendre modestement un verre.

On est si content d'être débarrassé de ces messieurs, fort polis d'ailleurs, qu'on ne tient pas à une bouteille d[e] plus ou de moins, au moment de le [quitter]; telle est du moins ma faço[n] de penser. En conséquence de c[e] raisonnement, j'entre chez ledit pèr[e] Sautier, qui, soit dit en passant, es[t] le papa d'une des plus jolies filles de Paris; et comme je sais que les gardiens aiment assez le bon vin, que, par parenthèse, je ne hais pas non plus, je demande une bouteille à 25, et j'attends mes convives.

Le premier se présente, je lui verse un verre de vin : il l'avale d'un trait, et s'en verse immédiatement un second, en m'annonçant en riant qu'il ne faut jamais *s'en aller avec une jambe*. Après cet exorde d'une nécessité absolue, Pierre vide son verre, et se sauve, en annonçant qu'il va m'envoyer Jacques. Jacques arrive, et comme il lui fallut aussi *deux jambes*, il n'y avait plus rien dans la bouteille quand Paul vint à son tour me rendre sa petite visite d'adieu. Mais Paul, qui entend les affaires, redemande une seconde bouteille, et se sauve, lui, avec *trois jambes*; et comme je craignis que celui qui probablement allait le remplacer, ne voulût en avoir quatre, je me hâtai de m'acquitter avec ma jolie marchande de vin, et je partis. A peine eus-je passé le seuil de la porte, que j'aperçus Jérôme, qui s'avançait à toutes jambes; et ma foi, comme je sais qu'ils sont onze gardiens à Sainte-Pélagie, et que je n'avais pas envie de consacrer deux ou trois heures de mon temps à les passer en revue, je ne jugeai pas à propos de rentrer, et le dernier *s'en alla sans jambes*..... aussi je vous réponds qu'il s'en retourna bien doucement, et comme à regret, vers la porte d'entrée de son charmant domicile.

Quant à moi, gai comme un pinson, quoique le temps fut triste comme un bonnet de nuit, je m'acheminai vers le boulevard de l'Hôpital, où m'attendait, chez un restaurateur certaine personne dont j'ai eu l'honneur de vous parler quelquefois dans le cours de cette très-véridique histoire.

Un prisonnier qui sort de sa retraite ne ressemble pas mal à l'oiseau qui vient de s'échapper de sa cage : tout l'arrête, tout l'amuse; il regarde tout avec une espèce de badauderie curieuse, même des objets sans intérêt, et qui lui sont déjà connus. Voilà positivement ce qui m'arrivait. Les vieux ormeaux du boulevard me faisaient plaisir à voir; je les comparais mentalement aux arbres pompeusement mesquins du superbe jardin de Sainte-Pélagie; et cette comparaison, en me ramenant au sentiment de ma liberté, jetait un voile de roses sur tous les objets dont j'étais environné.

C'est ainsi que, sans m'en apercevoir, j'arrivai au lieu du rendezvous. Je cherche la bienheureuse enseigne.... *Delaune, restaurateur, fait noces et festins,* **AU FEU ETERNEL**. Au Feu éternel!.... c'est là que l'on passe le premier jour des noces ; mais les lendemains....

J'arrive, je me fais indiquer le cabinet charmant que la bien-aimée embellit de sa présence; je monte les escaliers quatre à quatre ; je frappe........ me nomme........ Elle ouvre........ Tous mes chagrins sont effacés.

FIN DU SECOND ET DERNIER VOLUME.

POSTE-FACE.

L'ouvrage que je livre aujourd'hui au public, a été composé à Sainte-Pélagie en mars 1823, ainsi que peuvent l'attester la presque totalité de ceux qui se trouvaient, à cette époque, au Corridor Rouge, et notamment messieurs Léonard Gallois, Darras, Robert, Gaillard, Seurat, Cardon, Eugène de Pradel, etc.; par conséquent ce n'est point une imitation de l'ouvrage de MM. Jouy et Jay.

Je n'ai pas voulu lire ce dernier, me réservant ce plaisir quand le mien aurait paru, ce qui, malheureusement, a été retardé, par la translation de domicile de l'Imprimeur, qui possédait mon manuscrit avant même que les estimables et spirituels auteurs des *Ermites en prison* ne fussent entrés dans la rue de la Clé, ainsi que le prouve la déclaration faite de cet Ouvrage, le 13 mai dernier, à la Direction de l'Imprimerie.

Si mon *Voyage* n'eût pas été fait, certes je n'eusse pas eu la prétention de le composer, lorsque des hommes pareils aux écrivains dont je viens de parler venaient de traiter le même sujet, sans doute, avec ce talent et ce cachet inimitable dont ils empreignent tout ce qui s'échappe de leur plume; mais enfin mon travail était fait; il ne m'appartenait même déjà plus..... Je ne pouvais reculer, et me voilà..... un peu tard, il est vrai; mais je ne m'en repentirai pas, si l'on a l'indulgence de m'appliquer le vieux proverbe : *vaut mieux tard que jamais!*

A l'époque de l'annonce des *Ermites en prison*, dans le *Constitutionnel*, j'écrivis au rédacteur de ce journal, pour *prendre date*; mais ma lettre ne fut pas insérée, et je n'en ai pas entendu parler depuis cette époque.

Je ne réclamerai pas l'indulgence de mes Lecteurs : si je réussis à les amuser, ils en auront; si je les ennuie, ils n'en auront pas; car les hommes m'ont toujours paru très-peu disposés à pardonner à ceux qui les ennuient. Ceux-là même, qui ont lu l'ouvrage de mes prédécesseurs, peuvent, je le crois, lire encore le mien; car, bien certain que dans un écrit relatif aux mœurs françaises, je n'atteindrai jamais à la hauteur de l'Ermite de la Chaussée-d'Antin, j'ai écrit dans un genre qui doit être si différent du sien!.... genre un peu vulgaire, il est vrai; mais on peut, sous ce manteau, dire encore de temps en temps d'assez bonnes choses, ou du moins des choses assez plaisantes : « Ce qui est plaisant, me disait mon père, est amusant, » d'où je conclus que si j'ai réussi à être plaisant.....

Ah! daignez m'épargner le reste.

Mais dans le cas contraire..........
Aie!..... aie!.... aie!......... Voyez les poignées de cheveux........

TABLE

DU SECOND ET DERNIER VOLUME.

CHAPITRE VIII. — Quelques jours de plus. Page 5
CHAP. IX. — L'homme au panache noir. 59
CHAP. X. — Dix jours de plus. 114
CHAP. XI. — La veille du départ. 184
CHAP. XII ET DERNIER. — Le jour du départ, 242
POSTE-FACE. 267

FIN.

www.ingramcontent.com/pod-product-compliance
Lightning Source LLC
Chambersburg PA
CBHW050658170426
43200CB00008B/1335